高素质农民培育系列教材

U0588157

数字乡村

给美丽乡村加朵"云"

SHUZI XIANGCUN

GEI MEILI XIANGCUN JIA DUO "YUN"

· 董擎辉 毕洪文 郑妍妍 王红蕾 主编

黑龙江科学技术出版社
HEILONGJIANG SCIENCE AND TECHNOLOGY PRESS

董擎辉

副研究员。黑龙江省农业科学院农业遥感与信息研究所农业传媒研究室主任，国家耐盐碱水稻技术创新中心东北中心科普宣传团队首席科学家，黑龙江省绿色有机农业协同创新与推广体系岗位专家，黑龙江省农业科学院领军人才梯队（农业传媒与科普宣传）学科带头人；中国农业科教电影电视联盟理事。主持及参加国家、省、地厅级项目20余项；获省部级科技进步奖2项，获国家级、省级科普奖励12项；发表论文22篇，主编及副主编论著17部，授权国家专利及软著10余项。

毕洪文

二级研究员。黑龙江省级领军人才梯队（信息经济学）学科带头人，黑龙江省数字农业产业技术体系主任岗位专家；中国农业技术经济学会常务理事，中国农学会农业监测预警分会、图书情报分会副主任委员。主持国家重点研发计划课题、省自然科学基金面上项目等19项；获省科技进步二等奖4项；发表论文20余篇，主编及副主编论著7部，授权国家专利及软著20余项。

郑妍妍

副研究员。黑龙江省农业科学院农业遥感与信息研究所所长，国家耐盐碱水稻技术创新中心东北中心数据监测团队首席科学家，黑龙江省现代农业协同创新体系主任岗专家，黑龙江省巾帼科技助农直通车专家；中国农学会图书情报分会副秘书长，中国农业绿色发展研究会理事，黑龙江省女科协理事。主持及参加国家、省、市项目20余项；获省软科学奖、科普奖等奖项10余项；发表论文20余篇，主编及副主编论著7部，授权国家专利及软著20余项。

王红蕾

副研究员。黑龙江省饲草饲料协同创新推广体系饲草智慧产业协同创新岗位专家，黑龙江省级领军人才梯队（信息经济学）成员。先后主持地厅级课题4项，参加国家、省部级及地厅级50余项；获得省农业农村改革发展软科学研究成果二等项1项，省科普微视频优秀奖4项，省优秀科普图书1项；发表论文40余篇，主编及副主编论著15部，授权国家专利软著20项。

《数字乡村：给美丽乡村加朵"云"》

编委会

前　言

当前，数字技术正以前所未有的速度改变着世界的每一个角落。在此过程中，乡村作为基层组织，也正在经历一场深刻的变革。我们欣喜地看到，数字乡村建设已经从理论走向实践，成为推动乡村全面振兴的重要力量。

"民族要复兴，乡村必振兴"。数字乡村不仅仅是技术的革新，更是一种发展理念的转变。它要求我们以全新的视角审视乡村的发展，充分发挥信息技术的优势，推动农业农村的现代化进程。在这个过程中，我们需要政府、企业、社会和农民等多方力量的共同参与和协作，形成推动数字乡村发展的强大合力。

为了探讨和分享数字乡村建设的理论成果和实践经验，我们特别策划了本书。本书以"数字乡村"为主题，结合当前最新的技术趋势和政策导向，详细梳理数字乡村的概念、内涵、特征及意义，系统阐述数字乡村建设的顶层设计和政策体系，分析数字乡村的发展趋势和建设思路。同时，我们还通过大量的案例研究，展示数字技术在信息基础设施建设、乡村数字经济、乡村网络文化、乡村数字治理、信息惠民服务和智慧绿色乡村等方面的成功应用，总结数字乡村建设的实践经验和教训。

作为编写者，我们深感责任重大。在编写过程中，我们尽可能注重理论与实践相结合，力求将最新的研究成果和实践经验呈现给读者；注重内容的实用性和可操作性，以便读者能够更好地理解和掌握数字乡村建设的相关知识。希望通过这本书，能够为读者提供一个全面、深入了解数字乡村的窗口，为数字乡村的建设提供有益的参考和借鉴，为推动乡村全面振兴贡献一份力量，激发更多的人关注和参与数字乡村的建设中来。同时，我们也期待与更多的同人一道，共同探讨和研究数字乡村建设的理论与实践，为推动数字乡村的持续发展贡献智慧和力量。

最后，感谢所有为本书编写和出版付出辛勤劳动的人们，感谢所有关注和支持数字乡村建设的朋友们。让我们携手共进，共同迎接数字乡村的美好未来！

目 录

第一章

基础理论

【导语】

18世纪末，蒸汽机的发明和推广，拉开了第一次科技革命的伟大序幕。

19世纪末，电力的发现和运用，启动了以电气化为主要特征的第二次科技革命。

第二次世界大战之后，电子科学理论的突破和电脑的广泛运用，推动人类文明迈上了第三次科技革命的浩瀚征途。

……

回顾人类文明发展史，每一次技术革命，都是一次抢占发展先机、实现腾飞和跨越的战略机遇。

能否把握这样的机遇，也就成为一个关乎国运的历史命题。

当我们迈入21世纪的第二个十年，一场基于大数据、智能化等新兴互联网技术的伟大变革已经开始。这场变革，被人们称作"第四次科技革命"。

时代的风口再次降临，前行在中华民族伟大复兴征途上的我们，自然不能错过。

要把握"第四次科技革命"的伟大机遇，中国广袤的农村地区、庞大的农业人口自然也不可缺席。

第一节　概念解析

继农业革命、工业革命之后，通信技术的高速发展与应用掀起的数字革命，使数字经济成为当下与未来经济发展的核心动力。2021年政府工作报告指出，"十四五"时期，"加快数字化发展，打造数字经济新优势，协同推进数字产业化和产业数字化转型，加快数字社会建设步伐，提高数字政府建设水平，营造良好数字生态，建设数字中国"。

多个"数字"的连续使用勾画出了"数字中国"的未来图景，也表明了我国数字经济发展将进入全面提速阶段。

在探讨"数字乡村"之前，我们先来谈谈何为"数字经济"？

一、数字经济

（一）数字经济的概念

国内外有关数字经济的研究为数字乡村理论的形成与实践的推进奠定了基础。国外的研究机构和学者从不同层面对数字经济进行内涵界定。二十国集团（G20）指出，数字经济是指以使用数字化的知识和信息作为关键生产要素、以现代信息网络作为重要载体、以信息通信技术的有效使用作为效率提升和经济结构优化的重要推动力的一系列经济活动。经济合作与发展组织（简称OECD）基于包容性发展视角将数字经济界定为经济社会发展的数字化转型，强调数字化和互连性两大技术支柱对传统生产成本和组织模式的影响，并充分发挥数字经济对于创新发展和包容性增长的驱动力。美国经济分析局（BEA）从生产法的角度界定数字经济包括数字驱动的基础设施、电子商务交易和数字化传媒三个方面。

"数字化"可以划分为三个发展阶段：数字化1.0阶段是信息化阶段，该阶段以单机应用为主要特征；数字化2.0阶段是网络化阶段，该阶段以联网应用为主要特征；数字化3.0阶段是智能化阶段，该阶段以数据的深度挖掘与融合应用为主要特征。

"数字化"的三个发展阶段

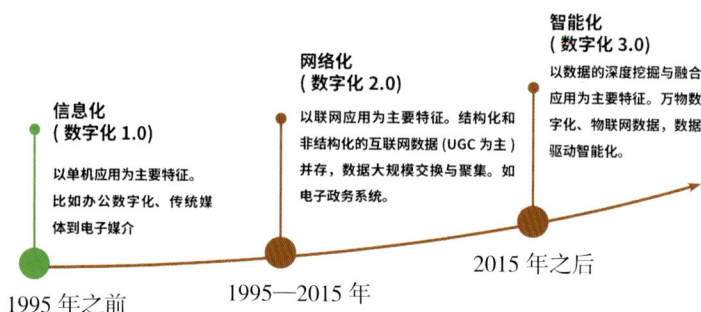

智能化（数字化 3.0）
以数据的深度挖掘与融合应用为主要特征。万物数字化、物联网数据，数据驱动智能化。

2015 年之后

网络化（数字化 2.0）
以联网应用为主要特征。结构化和非结构化的互联网数据（UGC 为主）并存，数据大规模交换与聚集。如电子政务系统。

1995—2015 年

信息化（数字化 1.0）
以单机应用为主要特征。比如办公数字化、传统媒体到电子媒介

1995 年之前

数字经济是以数字化的知识和信息作为关键生产要素，以数字技术为核心驱动力量，以现代信息网络为重要载体，通过数字技术与实体经济深度融合，不断提高经济社会的数字化、网络化、智能化水平，加速重构经济发展与治理模式的新型经济形态。具体包括四大部分：一是数字产业化，即信息通信产业，具体包括电子信息制造业、电信业、软件和信息技术服务业、互联网行业等；二是产业数字化，即传统产业应用数字技术所带来的产出增加和效率提升部分，包括但不限于工业互联网、智能制造、车联网、平台经济等融合型新产业、新模式、新业态；三是数字化治理，包括但不限于多元治理，以"数字技术 + 治理"为典型特征的技管结合，以及数字化公共服务等；四是数据价值化，包括但不限于数据采集、数据标准、数据确权、数据标注、数据定价、数据交易、数据流转、数据保护等。

数字经济的"四化框架"

资料来源：中国信息通信研究院

4

（二）我国数字经济发展的政策趋势

近年来，我国数字经济政策密集出台，已经基本形成完善的数字经济顶层设计与细化的地方推进举措相结合的政策体系。这些数字经济政策部署已成为我国构建现代化产业、市场、治理体系的重要组成部分，成为推进中国式现代化的重要驱动力量。

1. 加强数字经济顶层设计推进中国式现代化

党和国家更加重视数字经济发展。党的十八大以来，党中央高度重视发展数字经济，并将其上升为国家战略。2022年12月，中央经济工作会议强调"要大力发展数字经济"。数字经济在我国经济发展中的地位也不断提升。从2017年《政府工作报告》中的"促进数字经济加快发展"，到2022年将"促进数字经济发展"单独成段，再到2023年的"大力发展数字经济"。《政府工作报告》对"数字经济"的表述不断强化，释放了大力发展数字经济的积极政策信号。

顶层战略布局和协调机制持续完善。我国数字经济顶层战略规划体系渐趋完备。《中华人民共和国国民经济和社会发展第十四个五年规划和2035年远景目标纲要》《"十四五"数字经济发展规划》《数字中国建设整体布局规划》相继出台，构成我国发展数字经济的顶层设计体系。2022年7月，国务院批准建立由国家发展改革委牵头，中央网信办、工业和信息化部等20个部委组成的数字经济发展部际联席会议制度，强化国家层面数字经济战略实施的统筹协调。

2. 提升数字产业竞争力构建现代化产业体系

推进重点领域数字产业发展。我国高度重视数字产业创新发展，以顶层设计和专项规划、指导意见等合力推进数字产业基础高级化。《"十四五"数字经济发展规划》提出，要"加快推动数字产业化"，要增强传感器、量子信息、网络通信、集成电路、关键软件、大数据、人工智能、区块链、新材料等战略前瞻技术的创新能力，提升核心产业竞争力。加大力度推动关键领域战略布局和落地，国家发展改革委发布《计量发展规划（2021—2035年）》，提出"加强量子计量、量值传递扁平化和计量数字化转型技术研究，建立国际一流的新一代国家计量基准""研究人工智能、生物技术、新材料、新能源、先进制造和新一代信息技术等领域精密测量技术"。工业和信息化部、教育部、科学技术部、中国人民银行、中国银行保险监督管理委员会、国家能源局等六部门发布《关于推动能源电子产业发展的指导意见》，从供给侧入手、在制造端发力、以硬科技为导向、以产业化为目标，助力能源电子领域发展。

重视关键领域产业链供应链协同发展。我国充分认识到提升产业链供应链韧性和完整性的重要性，通过完善主导产业体系和加强重点领域布局，推动经济高质量发展。工业和信息化部、国家市场监督管理总局、国家能源局联合发布《关于促进光伏产业链供应链协同发展的通知》，为优化建立全国光伏大产业大市场，促进光伏产业高质量发展，积极推动建设新能源供给消纳体系提供重要指导。工业和信息化部、国家市场监督管理总局发布《关于做好锂离子电池产业链供应链协同稳定发展工作的通知》，从科学谋划、供需对接、监测预警、监督检查、管理服务等 5 个角度为保障锂电产业链供应链稳定提出解决思路。

3. 深入推进"数实融合"，打造高质量发展新引擎

促进数字技术和实体经济深度融合。2021 年以来，我国在顶层设计中不断强化"数实融合"的重要地位。《中华人民共和国国民经济和社会发展第十四个五年规划和 2035 年远景目标纲要》强调，要"充分发挥海量数据和丰富应用场景优势，促进数字技术与实体经济深度融合，赋能传统产业转型升级，催生新产业新业态新模式，壮大经济发展新引擎"。《"十四五"数字经济发展规划》提出，以数字技术与实体经济深度融合为主线，协同推进数字产业化和产业数字化。信息化与工业化深度融合是"数实融合"发展的重点领域。《"十四五"智能制造发展规划》指出，要以新一代信息技术与先进制造技术深度融合为主线，深入实施智能制造工程。工业和信息化部发布《关于印发 5G 全连接工厂建设指南的通知》，为各地区各行业加快"5G+ 工业互联网"新技术新场景新模式向工业生产各领域各环节深度拓展，推进传统产业提质、降本、增效、绿色、安全发展提供指导。

全力破解中小企业数字化转型难题。工信部等各部委从路径方法和服务平台双向发力，助力中小企业数字化转型。一是推出"指标 + 指南"，明确中小企业转型路径和方法。2022 年 10 月，工信部发布《中小企业数字化水平评测指标（2022 年版）》，从数字化基础、经营、管理、成效四个维度综合评估中小企业数字化发展水平，为中小企业开展自我诊断、找准问题不足提供工具参考，并将评测指标作为"专精特新"企业认定标准中的数字化水平评价依据。同年 11 月，工信部印发《中小企业数字化转型指南》，从增强企业转型能力、提升转型供给水平、加大转型政策支持三方面提出了 14 条具体举措。二是通过数字化服务平台和数字化服务节打造转型样板。

2022 年 8 月，工信部会同财政部印发《关于开展财政支持中小企业数字化转型试点工作的通知》，计划在"十四五"期间围绕 100 个细分行业支持 300 个左右中小企业数字化转型公共服务平台，打造 4000~6000 家试点中小企业。同月，工信部启动为期 1 个月的中小企业数字化服务节活动，从技术、经验、渠道、资本等维度为中小企业数字化转型赋能，其服务机构超过 6000 家，受益中小企业超过 60 万家。

以数字经济产业集群为抓手驱动转型。《"十四五"数字经济发展规划》准确把握新阶段的特征要求，以"数实融合"为主线，在政策设计上突破过去从三大产业角度推动数字化转型的传统范式，从企业、产业、集群和园区以及转型服务支撑生态四个方面着力，推动传统产业更快、更有效、更均衡地实现数字化转型。党的二十大报告进一步明确，要打造具有国际竞争力的数字产业集群。2022 年 3 月，工信部公布第十批国家新型工业化产业示范基地名单，其中数字经济相关示范基地数量累计达到 101 家，约占全部基地数量的四分之一。

4. 持续强化数字化治理推动治理能力现代化

加强数字政府建设赋能提升治理效能。党中央深入把握我国数字经济发展的阶段性特征，将加强数字政府建设作为创新政府治理理念和方式，形成数字治理新格局、推进国家治理体系和治理能力现代化的重要举措。2022 年 4 月，中央全面深化改革委员会第二十五次会议审议通过《关于加强数字政府建设的指导意见》，强调要将数字技术广泛应用于政府管理服务，推进政府治理流程优化、模式创新和履职能力提升，构建数字化、智能化的政府运行新形态，并就全面开创数字政府建设新局面作出部署，同年 9 月，国务院办公厅印发《全国一体化政务大数据体系建设指南》，提出加强数据汇聚融合、共享开放和开发利用，积极开展政务大数据体系相关体制机制和应用服务创新。此后，国务院办公厅相继发布《关于扩大政务服务"跨省通办"范围进一步提升服务效能的意见》《关于加快推进"一件事一次办"打造政务服务升级版的指导意见》等文件，推行政务服务集成化办理，打造政务服务升级版，提升政务服务标准化、规范化、便利化水平，为推进国家治理体系和治理能力现代化提供有力支撑。

弥合数字鸿沟促进数字经济普惠共享。我国在推进"互联网+"行动之初，即强调通过互联网实现社会服务资源优化配置，让公众享受更加公平、高效、优质、便捷的服务。群体层面，我国持续聚焦老年人、残疾人、偏远地区居民、文化差异人群等信息无障碍重点受益群体，着重消除信息消费资费、终端设备、服务与应用等三方面障碍。工信部从互联网适老化及无障碍改造着手，重点推动与老年人、残疾人基本生活密切相关的网站、手机 APP 的适老化改造。2023 年，工信部开展了互联网应用适老化及无障碍改造"回头看"行动，公布了首批互联网应用适老化及无障碍改造优秀案例，在巩固前期专项行动成效的同时，进一步加强示范引领，有力推动老年人、残疾人更便利地享受智能化服务。在区域层面，《关于加强数字政府建设的指导意见》指出，推动数字普惠，加大对欠发达地区数字政府建设的支持力度，加强对农村地区资金、技术、人才等方面的支持，扩大数字基础设施覆盖范围，优化数字公共产品供给，加快消除区域间数字鸿沟。

5. 挖掘数字化供需潜力构建现代化市场体系

供给侧加快构建数据基础制度体系，探索构建数据要素市场。数据基础制度建设事关国家发展和安全大局。习近平总书记指出："要构建以数据为关键要素的数字经济。"十九届四中全会首次将数据增列为生产要素以来，我国发布多项政策文件，围绕数据要素的发展谋篇布局。2020 年 4 月，《关于构建更加完善的要素市场化配置体制机制的意见》明确将数据列为五大生产要素之一，首次提出培育数据要素市场。2022 年 12 月，《中共中央 国务院关于构建数据基础制度更好发挥数据要素作用的意见》（简称"数据二十条"）发布，提出加快构建数据基础制度体系，从数据产权制度、数据要素流通和交易制度、数据要素收益分配制度、数据要素治理制度等方面提出具体要求。下一步，将围绕"数据二十条"不断丰富完善数据要素各方面制度体系和配套政策，打造"1+N"数据基础制度体系。

从需求侧入手，提振消费，挖掘国内市场潜力。总需求不足是当前经济运行面临的突出矛盾。信息消费作为我国增长迅速、创新活跃、辐射广泛的消费领域，成为市场扩大内需的关键动力。2022 年 4 月，国务院办公厅印发《关于进一步释放消费潜力促进消费持续恢复的意见》强调要创新消费业态和模式，加快线上线下消费有机融合，扩大升级信息消费。8 月，工信部组织遴选 151 个新型信息消费示范项目，探索形成了一批发展前景好、示范效应强的标杆项目和发展模式。2022 年 12 月，中央经济工作会议指出，要把恢复和扩大消费摆在优先位置。各部门积极采取措施，增强消费能力，改善消费条件，创新消费场景，充分激发消费市场潜力。同月，中共中央、国务院印发《扩大内需战略规划纲要（2022—2035 年）》，提出支持线上线下商品消费融合发展，促进共享经济等消费新业态发展，加快培育新型消费。2023 年 1 月，习近平总书记在中央政治局第二次集体学习时进一步强调，坚决贯彻落实扩大内需战略规划纲要，尽快形成完整内需体系。

（三）数字经济蓝图

近三年，国际格局和形势发生自冷战以来最剧烈的动荡和变化，我国经济发展遇到疫情等多重超预期因素冲击。在此背景下，我国数字经济发展持续取得新突破，展现出强大韧性，持续向做强做优做大的发展目标迈进。

1. 数字经济与我们的切身生活

数字经济助力人民美好生活。在数字经济时代，一部手机即可解决衣食住行问题，极大地便利了人们的日常生活。线下服务与线上支付相结合是数字生活最大的特征，外卖、网络购物、共享单车等服务的出现提升了社会的运行效率，优化了人们的日常生活体验。中国互联网络信息中心（CNNIC）发布的第 52 次《中国互联网络发展状况统计报告》显示，截至 2023 年 6 月，我国各类互联网应用持续发展，多类应用用户规模获得一定程度的增长。一是即时通信、网络视频、短视频的用户规模仍稳居前三。截至 2023 年 6 月，即时通信、网络视频、短视频用户规模分别达 10.47 亿人、10.44 亿人和 10.26 亿人，用户使用率分别为 97.1%、96.8% 和 95.2%。二是网约车、在线旅行预订、网络文学等用户规模实现较快增长。截至 2023 年 6 月，网约车、在线旅行预订、网络文学的用户规模较 2022 年 12 月分别增长 3492万人、3091 万人、3592 万人，增长率分别为 8.0%、7.3% 和 7.3%，成为用户规模增长最快的三类应用。此外，数字经济的最大特征就是包含海量的数据，人们可以任意地获取被储存在云端的若干知识，这拓宽了人们可学习的范围，改变了原有的教育方式。

数字经济推动治理能力现代化。在数字技术下，我国社会治理呈现出全新的发展态势。城市数字基础设施的与配套体制的完善，提升了城市的运行效率，在城市交通、土地管理、生态保护、灾害预警等领域发挥了重要作用。数字政府使政府结构趋于扁平化，提高了政府的行政效率；大数据监测与分析成为政策制定的重要参考，在提高政策有效性与科学性上发挥了重要作用；数字政府建设提高了公民的政务参与度，"零跑腿""零距离""无纸化"等名词成为政府工作的全新评价准绳。数字社区的建设充分发挥了基层群众的力量，社区信息平台的使用能够更好地发挥社区民主制度，推动居民社区自治；数字技术加持下的"社区养老"模式将逐渐取代居家养老与机构养老，成为应对我国人口老龄化的重要模式创新。

2. 数字经济与国家的发展壮大

（1）数字经济整体实现量的合理增长。2022年，面对经济新的下行压力，各级政府、各类企业纷纷把发展数字经济作为培育经济增长新动能、抢抓发展新机遇的重要路径手段，数字经济发展活力持续释放，我国数字经济规模达到50.2万亿元，同比增加4.68万亿元，我国数字经济持续做大。数字经济在国民经济中的地位更加稳固。数字经济占GDP比重进一步提升，超过四成，占比达到41.5%，这一比重相当于第二产业占国民经济的比重（2022年，我国第二产业占GDP比重为39.9%），数字经济作为国民经济的重要支柱地位更加凸显。自2012年以来，我国数字经济增速已连续11年显著高于GDP增速，数字经济持续发挥经济"稳定器""加速器"作用。

（2）数字经济全要素生产率稳步提升。全要素生产率是用来衡量生产效率的指标。全要素生产率的增长是产出增长率超过要素投入增长率的部分，表示由于技术进步、配置效率、规模经济、范围经济等带来的产出增长的部分。在计算上，全要素生产率的增长率是除去劳动、资本、土地等要素贡献之后的"余值"。2012年至2022年，我国数字经济生产效率持续提升，成为整体经济效率改善的重要支撑。从总体上看，我国数字经济全要素生产率从2012年的1.66上升至2022年的1.75，提升了0.09。同期国民经济全要素生产率由1.29提升至1.35，仅提升了0.06。这表明数字经济全要素生产率对国民经济生产效率起到支撑、拉动作用。分三次产业看，第一产业数字经济全要素生产率平稳发展，由1.03上升至1.04，提升幅度较小。第二产业数字经济全要素生产率受疫情影响较大，十年间整体呈现先升后降态势，由2012年的1.65上升至2018年的1.69，随后持续下降至2022年的1.54。第三产业数字经济全要素生产率快速提升，由2012年的1.70上升至2022年的1.90提升幅度最大，这在一定程度上有助于缓解我国服务业"鲍莫尔病"问题。

（3）数字经济为实体经济注入活力。数字经济改变了我国农业的生产形态。我国不断推行智慧农业、数字乡村等战略的实施，将数字技术的成果充分应用于农业当中。在农地管理上，我国不断推动农垦数字化建设，在2019年底实现了全国28个垦区2.16亿亩农地的数字化入库。在农业生产上，我国加速了农机的数字化更新，实施了农机辅助驾驶导航监控终端等农业智能终端的推广战略。在农产品的贸易流通上，我国建设了油料、糖料、棉花、生猪等农产品全产业链数据平台，推动农产品市场的供需平衡。数字经济激发工业增长潜力。一方面，工信部公布的《2021年电子信息制造业运行

口袋卡

什么是"鲍莫尔病"？

当一国经济进入以服务业为主的时期后，经济增长速度呈现下降趋势，这一普遍规律就是"鲍莫尔病"。出现这一规律的主要原因是，通常来看，工业生产效率大于服务业生产效率，当服务业成为国民经济主导产业后，整体经济生产效率下降，经济增速放缓。近年来，我国第三产业数字经济全要素生产率大幅提升，这对于提升整体经济生产效率产生较强带动作用，有助于缓解"鲍莫尔病"问题。

情况》显示，2021 年，我国手机产量达 17.6 亿台，同比增长 7%，其中智能手机产量 12.7 亿台，同比增长 9%；微型计算机设备产量 4.7 亿台，同比增长 22.3%；集成电路产量 3594 亿块，同比增长 33.3%。另一方面，数字技术推动了传统工业转型升级，截至 2021 年底，我国国家工业互联网大数据中心的服务覆盖企业数量超过了 700 万家，连接设备超过 7600 万台，有效地支撑了传统工业的数字化发展。数字经济推动非金融服务业高速发展。在数字技术得到普及的背景下，在社会分工的细化与消费结构的升级下诞生了大量的新生服务业，其中，互联网相关服务业与软件信息服务业的发展突飞猛进，成为除金融业外进入国内企业市值 500 强的最多类型的企业。Wind 最新发布 2023 年上半年"中国上市企业市值 500 强"榜单显示，截至 2023 年 6 月，腾讯与阿里巴巴分别以 29 344 亿元与 15 857 亿元位居国内企业市值排行榜第一位和第四位，美团、拼多多、京东、百度等互联网企业也名列前茅。以互联网企业为代表的非金融服务业顺应着历史潮流，在数字经济时代得到了飞速发展。

（4）数字经济构建金融新生态。我国数字金融的发展走在了世界前列。安永《2019 年全球金融科技采纳率指数》报告显示，中国的消费者金融科技采纳率为 87%，远高于全球 64% 的平均水平。其中，移动支付服务的发展最为突出，中国互联网络信息中心（CNNIC）发布第 49 次《中国互联网络发展状况统计报告》显示，截至 2021 年 12 月，我国网络支付用户规模达 9.04 亿，较 2020 年 12 月增长 4929 万，占网民整体的 87.6%，各项数据再创新高。除了移动支付，原本服务于线下的保险、投资、借贷等金融服务机构也纷纷走向线上，中小微金融服务机构更如雨后春笋般涌现。数据显示，我国互联网理财用户自 2015 年以来持续增加，从 2.4 亿人增加至 2021 年的 6.3 亿人，增长超 1.6 倍，互联网人身保险业务累计实现规模保费 2916.7 亿元，一系列指标数据的突破，展现了数字金融如火如荼的发展态势。数字经济的发展还为金融的监管提供了便利。金融监管机构通过运用大数据分析、人工智能等技术，实现了风险识别、风险处置等流程自动化与精确化，在预防系统性金融风险、打击非法金融活动等方面被广泛应用。中国银联建立的反洗钱可疑交易智能化监测分析报送体系，中国人民银行建设的反洗钱监测分析二代系统大数据综合分析平台等，均极大地提高了我国反洗钱工作的效率。央行数字货币是数字技术对货币概念的历史性革新。目前，我国已经完成数字人民币体系（DC/EP）的顶层研发设计，制定出了"一币、两库、三中心"的运行框架，并在深圳、苏州、雄安新区等地进行了先行试点的工作。数字人民币的推出顺应了历史的潮流：数字人民币不仅会替代传统纸币，还会替代移动支付，全方位提高货币的流通速度；数字人民币还将提高货币政策传导性，提升人民币的国际地位；数字人民币的高安全性能够保护公民私有财产不受侵犯，同时还让逃税、洗钱等违法行为无处遁形。

二、数字乡村

当前，数字化、网络化、智能化飞速发展，建设数字国家已经成为全球共识。日新月异的信息技术创新，让传统的工作生活方式、生产经营方式、管理运营模式、货币流通模式等逐渐被颠覆。于是，一些因之命名的词也开始流行，并前置上"数字"二字。那"数字"+"乡村"会结出什么样的果实呢？

"数字乡村"对应着"信息化""网络化""智能化"三个发展阶段。早在 1996 年我国就有农业信息平台、村村通；在网络化阶段，我国开始有一些联网的建设；进入智能化阶段，则出现了县域数字化服务商、数智化运营商等机构。

"数字乡村"的前世、今生与未来

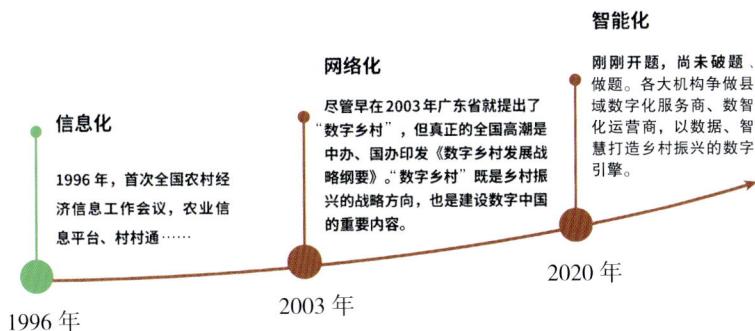

智能化

刚刚开题，尚未破题、做题。各大机构争做县域数字化服务商、数智化运营商，以数据、智慧打造乡村振兴的数字引擎。

网络化

尽管早在2003年广东省就提出了"数字乡村"，但真正的全国高潮是中办、国办印发《数字乡村发展战略纲要》。"数字乡村"既是乡村振兴的战略方向，也是建设数字中国的重要内容。

信息化

1996年，首次全国农村经济信息工作会议，农业信息平台、村村通……

1996年　　2003年　　2020年

数字乡村是以物联网、云计算、大数据和移动互联等新兴信息技术为依托，促进数字化与农业农村农民的生产和生活各领域全面深度融合，以乡村经济社会数字化转型助推乡村振兴的创新发展新形态。

要想深入地理解"数字乡村"的概念，就有必要回溯到2018年。这一年的中央"一号文件"是改革开放以来第20个、新世纪以来第15个指导"三农"工作的中央一号文件，首次提出实施"数字乡村战略"。在这个文件中明确提出，要实施数字乡村战略，做好整体规划设计，加快农村地区宽带网络和第四代移动通信网络覆盖步伐，开发适应"三农"特点的信息技术、产品、应用和服务，推动远程医疗、远程教育等应用普及，弥合城乡数字鸿沟。《国家乡村振兴战略规划（2018—2022年）》也提出了数字乡村建设的任务内容。

2019年5月，中共中央办公厅、国务院办公厅印发了《数字乡村发展战略纲要》，提出"要将数字乡村作为数字中国建设的重要方面，加快信息化发展，整体带动和提升农业农村现代化发展"，"注重构建以知识更新、技术创新、数据驱动为一体的乡村经济发展政策体系"，"开启城乡融合发展和现代化建设新局面"。

随后，一系列法律、法规、文件中都提到了数字乡村。

党的二十大报告中提出："坚持把发展经济的着力点放在实体经济上，推进新型工业化，加快建设制造强国、质量强国、航天强国、交通强国、网络强国、数字中国。"这是把"数字中国"建设放到促进实体经济发展的重要位置。再比如，《乡村振兴促进法》、政府工作报告、"十四五"数字经济发展规划等都有涉及数字乡村的内容。也有中央直属机构颁布的一些文件，重要的如《数字乡村建设指南》《数字乡村建设发展行动计划》等。2019年颁布的《数字乡村发展战略纲要》给"数字乡村"建设提出了"四步走"的规划。2023年2月27日，中共中央、国务院印发了《数字中国建设整体布局规划》，这对"数字乡村"建设作出了提纲挈领的规划："推进数字社会治理精准化，深入实施数字乡村发展行动，以数字化赋能乡村产业发展、乡村建设和乡村治理。"

这些文件都告诉我们，"数字乡村"就是党和国家的重要战略方针。其概念是两个国家战略的融合，一个国家战略是"数字中国"，另外一个国家战略是"乡村振兴"。就是将数字化、信息化的各种发展模式普及至乡村。"数字乡村"是一个信息网络平台。依托农村信息直通车工程信息服务平台"三农直通车"的"三农"信息资源库，将涵盖乡村基础设施、农村经济、特色产业、基层组织等多个方面的信息数据资源进行有效融合，建立起覆盖全省、连接省、市、县、乡、村的"数字乡村"信息网络平台。此外，中央关于"数字乡村"的顶层设计已经完成，"数字乡村"进入到越来越具体的政策实施和项目落地阶段。

（二）数字乡村蓝图

"数字乡村"究竟是什么样？

对此，《数字乡村发展战略纲要》提出了"四步走"的发展战略，描绘了这样一幅"数字乡村"的美丽图景——

1. 第一个阶段

到2020年，数字乡村建设取得初步进展。农村互联网普及率明显提升，农村数字经济快速发展，"互联网＋政务服务"加快向乡村延伸，网络扶贫行动向纵深发展，信息化在美丽宜居乡村建设中的作用更加显著。

2018年1月2日，中央一号文件《中共中央 国务院关于实施乡村振兴战略的意见》首次提出"数字乡村"概念，对实施乡村振兴战略进行了全面部署。

2018年6月2日，高分六号卫星成功发射，这是国内首颗搭载了能有效辨别作物类型的高空间分辨率遥感卫星，将大幅提高农业对地监测能力，精准支持数字农业发展。

2018年6月27日，国务院常务会议听取了深入推进"互联网＋农业"促进农村一二三产业融合发展情况汇报，会议聚焦"互联网＋农业"，持续推进农业信息化发展。

2018 年 9 月 29 日，中共中央、国务院印发《乡村振兴战略规划（2018—2022 年）》，这是第一个全面推进乡村振兴战略的五年规划，是统筹谋划和科学推进乡村振兴战略的行动纲领。

2018 年 10 月 29 日，农业农村部办公厅印发《2018 年度专项工作延伸绩效管理实施方案的通知》，首次开展农业信息化发展延伸绩效考核。

2018 年 10 月 31 日，中共中央政治局就人工智能发展现状和趋势进行第九次集体学习，强调加快发展人工智能。

2018 年 11 月 15 日，中央网信办、农业农村部等举办数字乡村发展论坛，提出加快建设数字乡村，引领乡村振兴。

2019 年 1 月 3 日，中央一号文件《中共中央　国务院关于坚持农业农村优先发展做好"三农"工作的若干意见》，明确要求深入推进"互联网＋农业"发展。

2019 年 2 月 2 日，农业农村部印发《2019 年农业农村市场与信息化工作要点》，明确指出加快数字农业农村建设，探索重要农产品全产业链大数据建设。

2019 年 5 月 16 日，中共中央办公厅、国务院办公厅印发《数字乡村发展战略纲要》，明确分四个阶段实施数字乡村战略，明确战略目标和 10 大重点任务，开启城乡融合发展和现代化建设新局面。

2019 年 7 月 17 日，农业农村部印发《关于全面推进信息进村入户工程的通知》，全面推进信息进村入户工程。

2019 年 8 月 23 日，农业农村部和中国农民丰收节组织指导委员会主办的 2019 "庆丰收·消费季"和农民手机应用技能培训启动仪式，深入推进全国农民手机应用技能培训工作。

2019 年 10 月 24 日，中共中央政治局就区块链技术发展现状和趋势进行第十八次集体学习，强调加快推动区块链技术和产业创新发展。

2019 年 11 月 15 日，数字农业农村发展论坛发布《中国数字乡村发展报告（2019）》，全面总结了我国数字乡村建设的阶段性进展和经验探索，是对当前数字乡村发展情况的集中呈现。

2020 年 1 月 2 日，中央一号文件《关于抓好"三农"领域重点工作确保如期实现全面小康的意见》，明确提出要加强现代农业设施建设，加快现代信息技术在农业领域的应用，推动传统农业向现代农业、智慧农业的转型。

2020 年 1 月 20 日，农业农村部、中央网络安全和信息化委员会办公室印发《数字农业农村发展规划（2019—2025 年）》，要求以产业数字化、数字产业化为发展主线，着力建设基础数据资源体系，加强数字生产能力建设。

2020 年 5 月 8 日，农业农村部印发《2020 年农业农村部网络安全和信息化工作要点》，明确大力实施数字农业农村建设，深入推进农业数字化转型，扎实推动农业农村大数据建设，进一步夯实农业农村信息化工作基础，加快启动实施"互联网＋"农产品出村进城工程。

2020 年 5 月 9 日，中央网信办等四部门印发《2020 年数字乡村发展工作要点》，明确 2020 年数字乡村发展工作目标，部署 8 个方面 22 项重点任务。

2020 年 6 月 17 日，9 部委联合印发《关于深入实施农村创新创业带头人培育行动的意见》，提出总体目标：培育农村创新创业带头人达到 100 万以上，农业重点县的行政村基本实现全覆盖。

2020 年 6 月，农业农村部、国家发展改革委员会同规划实施协调推进机制 27 个成员单位编写的《乡村振兴战略规划实施报告（2018—2019 年）》出版发布，提出 31 省全部建立实施乡村振兴战略工作领导小组，一级抓一级、五级书记抓乡村振兴的责任体系基本建立。

2020 年 7 月 16 日，农业农村部印发《全国乡村产业发展规划（2020-2025 年）》，提出产业兴旺是乡村振兴的重点。

2020 年 7 月 18 日，中央网信办等七部门印发《关于开展国家数字乡村试点工作的通知》，明确到 2021 年底的工作目标，通过在整体规划设计、制度机制创新、技术融合应用、发展环境营造等方面，提出七大试点工程。

2020 年 9 月 18 日，中央网信办等七部门发布《关于国家数字乡村试点地区名单的公示》，确定了拟作为国家数字乡村试点地区名单，数字乡村将进入全面推进阶段。

2020 年 11 月 3 日，第十九届中央委员会第五次全体会议通过《中共中央关于制定国民经济和社会发展第十四个五年规划和二〇三五年远景目标的建议》，明确提出把数字乡村作为重点，把乡镇建成数字乡村的中心，把乡村建设摆在社会主义现代化建设的重要位置。

2020 年 11 月 27 日，由中央网信办信息化发展局、农业农村部市场与信息化司指导，农业农村信息化专家咨询委员会编制的《中国数字乡村发展报告（2020 年）》，强调要加快建设智慧农业，推动数字经济与农业农村经济深度融合发展。

2. 第二个阶段

到 2025 年，数字乡村建设取得重要进展，城乡"数字鸿沟"明显缩小。4G 在乡村进一步深化普及，5G 创新应用逐步推广。农村流通服务更加便捷，乡村网络文化繁荣发展，乡村数字治理体系日趋完善。

2021 年 1 月 4 日，中央一号文件《中共中央　国务院关于全面推进乡村振兴加快农业农村现代化的意见》，要求加快推进农业现代化，大力实施乡村建设行动。

2021 年 2 月 23 日，中共中央、国务院印发《关于加快推进乡村人才振兴的意见》，提出加快培养农业生产经营人才、农村二三产业发展人才、乡村公共服务人才、乡村治理人才、农业农村科技人才等。

2021 年 2 月 25 日，国家乡村振兴局正式挂牌成立。

2021 年 6 月 15 日，中央网信办组织召开乡村振兴工作领导小组第一次会议，会议强调要突出特色，深入推进数字乡村建设发展，积极探索数字乡村发展新模式，打造各领域数字乡村解决方案。

2021 年 7 月 23 日，中央网信办等七部委组织编制《数字乡村建设指南 1.0》，提出了数字乡村总体参考架构，具体包括信息基础设施、公共支撑平台、数字应用场景、建设运营管理和保障体系建设等内容。

2021 年 11 月 29 日，数字乡村发展统筹协调机制召开第一次会议，强调要扎实推动数字乡村高质量、可持续发展，确保数字乡村建设各项任务落实到位，突出试点示范，讲活数字乡村典型。

2022 年 1 月 26 日，中央网信办等 10 部门印发《数字乡村发展行动计划（2022—2025 年）》，从 8 个方面部署了 26 项重点任务，并设立乡村基础设施数字化改造提升工程等 7 项重点工程。

2022 年 4 月 20 日，中央网信办等五部门印发《2022 年数字乡村发展工作要点》，明确数字乡村年度建设目标，并从 10 个方面部署了 30 项重点任务。

2022 年 5 月 23 日，中办、国办印发《乡村建设行动实施方案》，提出加强道路、供水、能源、物流、信息化、综合服务、农房、人居环境等农村重点领域基础设施建设，改善农村公共服务和乡村治理。

2022 年 6 月 23 日，国务院发布《关于加强数字政府建设的指导意见》，提出全面推进政府履职和政务运行数字化转型，统筹推进各行业各领域政务应用系统集约建设、互联互通、协同联动，创新行政管理和服务方式，全面提升政府履职效能。

2022 年 8 月 8 日，四部门制定《数字乡村标准体系建设指南》，确定数字乡村标准体系结构的基本框架，规范数字乡村建设与管理的通用标准。

2022 年 8 月 22 日，中共中央办公厅、国务院办公厅印发《关于规范村级组织工作事务、机制牌子和证明事项的意见》，要求减轻村级组织工作事务负担，精简村级工作机制和牌子，改进村级组织出具证明工作。

2022年9月13日，国务院办公厅印发《全国一体化政务大数据体系建设指南的通知》，要求到2023年底前，全国一体化政务大数据体系初步形成，基本具备数据目录管理、数据归集、数据治理、大数据分析、安全防护等能力，数据共享和开放能力显著增强，政务数据管理服务水平明显提升。

2023年"中央一号文件"在第七部分"扎实推进宜居宜业和美乡村建设"中明确提出"深入实施数字乡村发展行动"，主要聚焦在数字化场景应用研发推广、农业农村大数据应用、智慧农业发展等方面。同时，在文件其他章节也提到了"数商兴农"工程、"'互联网+'农产品出村进城工程"、数字化治理方式等数字乡村相关领域内容。

3. 第三个阶段

到2035年，数字乡村建设取得长足进展。城乡"数字鸿沟"大幅缩小，农民数字化素养显著提升。农业农村现代化基本实现，城乡基本公共服务均等化基本实现，乡村治理体系和治理能力现代化基本实现，生态宜居的美丽乡村基本实现。

4. 第四个阶段

到本世纪（21世纪）中叶，全面建成数字乡村，助力乡村全面振兴，全面实现农业强、农村美、农民富。

蓝图已经绘就，接下来需要努力的，就是按照蓝图规划的方向开山辟路、通达美丽愿景的未来。

不仅仅是产业发展，《数字乡村发展战略纲要》还针对"数字乡村"建设实际，提出了十条实现路径——

一是通过大幅提升乡村网络设施水平、完善信息终端和服务供给、加快乡村基础设施数字化转型，加快乡村信息基础设施建设。

二是通过夯实数字农业基础、推进农业数字化转型、创新农村流通服务体系，发展农村数字经济。

三是通过推动农业装备智能化、优化农业科技信息服务，强化农业农村科技创新供给。

四是通过推广农业绿色生产方式、提升乡村生态保护信息化水平、倡导乡村绿色生活方式，建设智慧绿色乡村。

五是通过加强农村网络文化阵地建设、加强乡村网络文化，引导繁荣发展乡村网络文化。

口袋卡

深入研读2023年"一号文件"中的"数字乡村"：

2023年"一号文件"对数字乡村的直接描述内涵丰富、重点聚焦，主要体现在以下四个方面：

一是更加突出数字乡村建设的基础性作用。文件提出的任务主要集中在"持续加强乡村基础设施建设"段落，这体现了在推动实现乡村振兴进程中，数字乡村具有的 基础性、先导性作用，既是乡村振兴的战略方向，也是必由之路。

二是更加聚焦以数字化方式解决实际问题。数字赋能乡村振兴要坚持场景驱动、需求导向，推动数字乡村建设的价值在一个个具体应用场景中实现。"中央一号文件"明确要求"推动数字化应用场景研发推广"，这体现了数字乡村建设建用结合、以用促建、高质量发展的要求。

三是更加强调发挥涉农数据要素作用。随着乡村数字基础设施的持续完善和数字化应用的不断普及，涉农数据快速融入农业农村生产、生活、治理等各个方面。"中央一号文件"提出，要"加快农业农村大数据应用"，这体现了要以农业农村大数据为关键驱动力，提高数字化整体应用水平。

四是更加强调数字生产力的作用。"中央一号文件"明确提出"推进智慧农业发展"，同时也提到了"深入实施'数商兴农'和'互联网＋'农产品出村进城工程"，以及"完善推广积分制、清单制、数字化、接诉即办等务实管用的治理方式"等，这体现了要充分发挥数字技术赋能的驱动作用，助力做好乡村产业发展、乡村建设和乡村治理等方面重点工作。

六是通过推动"互联网＋党建"、提升乡村治理能力，推进乡村治理能力现代化。

七是通过深入推动乡村教育信息化、完善民生保障信息服务，深化信息惠民服务。

八是通过支持新型农业经营主体和服务主体发展、大力培育新型职业农民，激发乡村振兴内生动力。

九是通过助力打赢脱贫攻坚战、巩固和提升网络扶贫成效，推动网络扶贫向纵深发展。

十是通过统筹发展数字乡村与智慧城市、分类推进数字乡村建设、加强信息资源整合共享与利用，统筹推动城乡信息化融合发展。

同时，《数字乡村发展战略纲要》还围绕这些重点工作，提出了加强组织领导、完善政策支持、开展试点示范、强化人才支撑、营造良好氛围等具体保障措施。

在宏大美好的蓝图上，在不断贯彻执行的征途中，"数字乡村"必将实现。

（三）我国数字乡村发展的最新进展

《中国数字乡村发展报告（2022年）》显示，2021年全国数字乡村发展水平达到39.1%。乡村数字基础设施建设加快推进，农村网络基础设施实现全覆盖，农村通信难问题得到历史性解决。截至2022年6月，农村互联网普及率达到58.8%，与"十三五"初期相比，城乡互联网普及率差距缩小近15个百分点。

数字育种探索起步，智能农机装备研发应用取得重要进展，智慧大田农场建设多点突破，畜禽养殖数字化与规模化、标准化同步推进，数字技术支撑的多种渔业养殖模式相继投入生产，2021年农业生产信息化率为25.4%。

农村快递物流体系不断完善，农村电商继续保持乡村数字经济"领头羊"地位，乡村新业态蓬勃兴起，农村数字普惠金融服务可得性、便利性不断提升。

"互联网＋政务服务"加快向乡村延伸覆盖，2021年全国六类涉农政务服务事项综合在线办事率达68.2%，以数据驱动的乡村治理水平不断提高。

乡村网络文化阵地不断夯实，网络文化生活精彩纷呈，中国农民丰收节成风化俗，数字化助推乡村文化焕发生机。

"互联网＋教育""互联网＋医疗健康""互联网＋人社"、线上公共法律与社会救助等服务不断深化。2021年利用信息化手段开展服务的村级综合服务站点共48.3万个，行政村覆盖率达到86.0%。

农业绿色生产信息化监管能力全面提升，乡村生态保护监管效能明显提高，农村人居环境整治信息化得到创新应用。

政策制度体系不断完善，协同推进的体制机制基本形成，标准体系建设加快推进，试点示范效应日益凸显。经过持续推动，"数字革命"正在农村这片广阔沃土引发一场深刻的社会变革，为全面推进乡村振兴、建设农业强国、加快农业农村现代化进程持续提供新的动能。

（四）全国县域农业农村信息化发展水平

农业农村信息化是国家信息化的重要组成部分。在网络强国、数字中国、智慧社会等战略决策的推动下，各有关部门、各地区认真贯彻落实"互联网＋"现代农业、农业农村大数据发展、农村电子商务、数字乡村发展战略等重大部署，积极推进县域农业农村信息化稳步发展。经综合测算，2020年全国县域农业农村信息化发展总体水平达到37.9%，其中东部地区41.0%，中部地区40.8%，西部地区34.1%。

综合考量数字商贸、快递物流、数字金融的发展，沿海地区依旧是乡村产业数字化发展的先进代表，其中东部沿海农村地区领先，而东北及大西北农村地区产业数字化发展水平相对落后。具体省份来看，浙江省的乡村产业数字化发展指数位居全国首位，其次是江苏、福建、山东、河北等。从县域看，发展总体水平排名全国前100的县（市、区）平均发展水平为69.5%，排名全国前500的县（市、区）为57.9%。发展总体水平超过60%的县（市、区）有164个，占比6.2%;处于30%~60%的有1754个，占比66.4%;低于30%的有724个，占比27.4%。高于全国发展总体水平的县（市、区）有1272个，占比48.1%。

农业生产信息化是农业农村信息化发展的重点和难点，其发展水平是衡量农业现代化发展程度的重要指标。经综合测算，2022年全国农业生产信息化水平为22.5%。分区域看，东部地区为25.7%，中部地区为30.8%，西部地区为19.6%。分析表明，农业生产信息化水平的提升对农业总产值增长有明显的促进作用，发展农业信息化是释放农业数字经济潜力的根本途径。

分省份看，农业生产信息化水平排名全国前10位的省份均高于全国平均水平。其中，江苏农业生产信息化水平为42.6%，位居全国第一;浙江和安徽均为41.6%，并列全国第二。

分行业看，畜禽养殖信息化水平最高，为30.2%，设施栽培、大田种植、水产养殖的信息化水平分别为23.5%、18.5%和15.7%。

大田种植方面，在监测的11个主要农作物品种（类）中，棉花、小麦、稻谷三个作物的生产信息化水平总体较高，分别为40.2%、35.3%和33.9%。从主要信息技术应用看，农机作业信息化技术在大田作物生产过程中应用最为广泛，水肥药精准控制技术、"四情监测"技术也均得到较好

2020年 农业生产信息化水平（%）

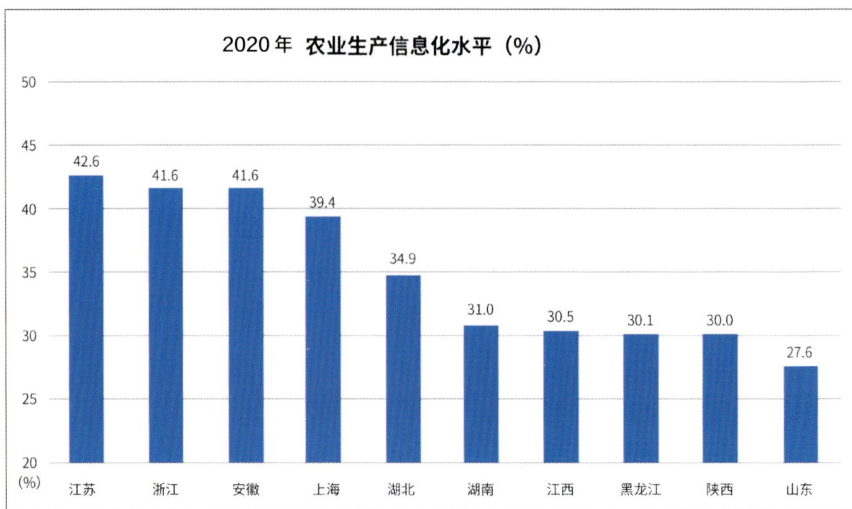

应用。从省份看，安徽大田种植信息化水平最高，为48.1%；江苏、设施栽培方面，水肥一体化智能灌溉技术和设施环境信息化监测技术应用最为广泛。江苏和吉林的设施栽培信息化水平均超过40%，分别为43.5%和42.5%；浙江、河南、内蒙古和江西也均超过30%。

畜禽养殖方面，在监测的4个主要畜禽品种（类）中，家禽（鸡鸭鹅）和生猪养殖的信息化水平均超过30%，分别为32.9%和31.9%。浙江的畜禽养殖信息化水平居全国首位，达60.3%；排名第二、第三位的江苏和上海分别为52.4%和51.8%。

水产养殖方面，在监测的4个主要水产品种（类）中，蟹类的生产信息化水平最高，为25.1%；虾类和鱼类的生产信息化水平分别为18.0%和16.5%，均高于水产养殖信息化水平；贝类最低，仅为4.7%。信息化增氧技术的应用最为广泛。上海的水产养殖信息化水平位居全国首位，达56.6%；排名第二、第三位的浙江和江苏分别为43.3%和36.6%。

从细分领域来看，在电商领域上具有先发优势的浙江省在农村电商产业的发展上也结出了显著的成果，其乡村数字商贸应用指数位于全国之首；而江苏省则在推进"快递进村"工作方面表现出色，乡村快递物流应用指数排位第一；在数字金融方面，科技强省浙江在数字普惠金融发展方面持续发挥优势，乡村数字金融应用指数排名第一。此外，值得注意的是，山东农村地区的数字金融普及程度也相对较高，乡村数字金融应用指数仅次于浙江省，位居全国第二。

■ **2022年乡村产业数字化发展细分指数省份排行 top 5**

数字商贸 应用指数

119.9	104.8	98.4	92.7	92.5
浙江	江苏	福建	河北	山东

快递物流 应用指数

106.8	98.6	79.1	77.8	71.4
江苏	浙江	河北	福建	湖北

数字金融 应用指数

133.4	122.4	114.9	109.1	102.7
浙江	山东	江苏	福建	湖北

　　随着农村数字化建设不断深入，互联网科技正在快速渗透到农村居民生活的方方面面，有效解决农村地区文化娱乐、教育及医疗资源贫乏、居民生活不便、基层组织难以管理等问题。数据显示，泛娱乐类应用程序（APP）在农村具有较高的渗透率，尤其是视频直播、数字音乐 APP 对农村用户来说是"刚需"般的存在，其安装率超过 80%，反映出农村居民具有较强的线上娱乐消费需求；在生活服务消费方面，农村用户对同城服务 APP 表现出较高的使用需求，安装率达 70.6%；而在更专业化的生活场景中，在线教育、线上办公、电子政务、健康管理等方面的 APP 也已在农村用户群体中形成较高的渗透率，其安装率达 65% 以上。

■ 农村用户细分类型 APP 安装率（数字生活场景）

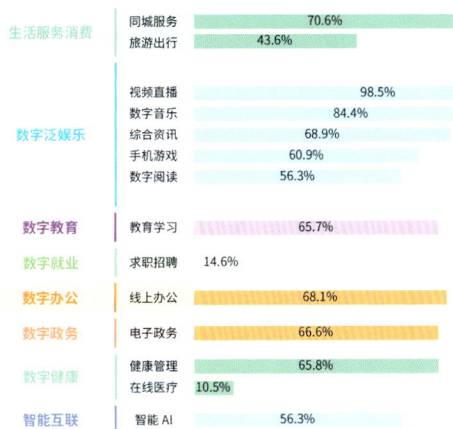

生活服务消费	同城服务	70.6%
	旅游出行	43.6%
数字泛娱乐	视频直播	98.5%
	数字音乐	84.4%
	综合资讯	68.9%
	手机游戏	60.9%
	数字阅读	56.3%
数字教育	教育学习	65.7%
数字就业	求职招聘	14.6%
数字办公	线上办公	68.1%
数字政务	电子政务	66.6%
数字健康	健康管理	65.8%
	在线医疗	10.5%
智能互联	智能 AI	56.3%

【典型案例】

当绿水青山遇上"聪明大脑" 德清"数字乡村一张图"行政村全覆盖

2023年5月，中央网信办会同有关国家部委对首批国家数字乡村试点开展终期评估，在全国117个试点地区中，浙江德清县脱颖而出，位列全国首位。

数字乡村建设起步较早的德清县，探索建立了"1+1+N"的数字乡村整体架构（1个数字乡村标准化规范+1个多跨协同乡村一体化智能化平台+N个涉农场景功能），以数字化撬动传统乡村生产、生活、治理模式变革。形成的"数字乡村一张图"集成了乡村生产、生态、生活场景的数字技术应用场景，尤其是在数字化推进乡村一二三产融合发展上取得了可推广的经验。目前，全县共迭代升级120余项乡村场景应用，农业信息化覆盖率达100%，宽带通村率达98.4%，快递进村率达100%。

第二节　数字乡村建设的意义

大数据时代，建设数字乡村，以数字手段更新发展思路、优化产业升级流程，可以为全面推进乡村振兴、扎实推动共同富裕提供新路径。数字乡村建设总体包括两个方面：一是乡村的数字化，即对地理、人口、建筑、产业分布等基本信息实施软件工程化建设，这是数字乡村建设的"硬基础"。二是数字的乡村化，即发现"城数乡用"新形态，从城市政务服务、产业分析、社会形态等业务解耦出数据，多维度比较、关联、交叉、重组，更加科学把握经济社会发展规律，实现乡村资源的资产化、财富化，这是数字乡村建设的"软环境"，需要深入研究城市发展、乡村振兴与共同富裕的良性互动关系。经济、高效的数字乡村建设，应立足于农村与传统农户的经济社会现实基础，找准可供给点进行攻坚突破，让数字红利惠及广大农民。

1. 以数字平台"引势下乡"，赋能乡村建设

数字平台是数字乡村"看得见、摸得着、体会得到"的数字工具载体。目前，数字乡村建设仍存在单一化、碎片化、同质化问题，缺乏综合性、科学性、前瞻性平台谋划。数字乡村不是物理世界的简单"数字映射"，

而是现代文明和未来社会的组成单元，需要对未来社会形态、人居形态、生产生活交互形态深刻理解。因此，前瞻性规划数字乡村建设，须顺应城市赋能乡村、带动乡村之势，在技术实现路径、场景谋划、数据底仓搭建上，借助数字城市建设的成熟场景。基于农村生产生活低流动性、时空间隔性等特点，利用多维数据流交互，有利于促进大数据资源共享，降低物理空间实时触达的成本，强化数字平台，赋能乡村资源重组、业态更新，提升农村的"自我造血"功能。

2. 用数字渠道"引资下乡"，盘活乡村资源

长期以来，传统农户融资困境、金融市场欠发达等因素制约了农村资源的开发和利用。而数字渠道可将城市资本与农村资源高效链接、精准匹配起来，为提高农民资产性收入提供可视化渠道，缩小城乡间的信息鸿沟，促进农村资源向资产、资金的转变。在引资下乡中，盘点乡村可商品化、可产业化清单，有利于盘活农村资源资产，为乡村振兴注入市场化"活水"。如针对农户房屋闲置率高的问题，探索政府监督下的众筹改造模式，纳入包括旅游、卫生、市场、治安的统一数字化监管平台，提供舒适、安全、卫生、经济的民宿服务，做强乡村振兴的经济基础。

3. 靠数字产品"引流下乡"，提振乡村经济

流量经济、直播经济是数字经济的主要业态。鲜活的田园风光、风土人情和农业生产丰富了数字经济的内容形式，承载了巨大的市场需求和价值转化潜能。然而，目前高质量的乡村数字资源尚较为匮乏，"爆款"的田园风题材和运营号还比较少。因此，除了开发线下乡村体验产品，还应大力促进数字经济与实体经济相结合，扩大乡村主题的数字内容生产，创新"渔、樵、耕、读"数字化产品的形式和营销方式，提升农村产业及农村田园生态体验数字化产品的转换率、利润率，变数能为产能，变流量为力量。将城市高密度人口蕴藏的巨大乡愁情景消费、田园情感消费，与乡村生产、生活、生态相结合，以市场活力和数字能力"造富"农村。

4. 让数字手段"引才下乡"，搞活乡村经营

实现乡村振兴，需要有高水平数智化人才的投入参与。然而，当前农村人才市场不发达，懂技术、懂市场、善经营的各类人才较为缺乏。应善于利用数字手段挖掘人才、培育人才、共享人才、留住人才，吸引更多的人关注乡村发展、投入乡村建设。以便捷的信息化技术打造一支既深谙城市"田园消费需求"，又具备数字思维、数字技能、数字营销方式的本土

数字人才队伍。重点招募"农村职业经理人""乡村振兴专家"，以线下坐班入驻和线上实时辅助的方式参与到农村经济经营管理中，开发高质量前沿农业及其数字产品，引导城市消费潜力流向农业农村，促进乡村振兴的可持续发展。

农村发展制约条件 ◀ Before		After ▶ 数字技术赋能乡村振兴
农业生产工具落后· 农业育种效率低· 农业生产抗御自然灾害的能力不强· 农业水质健康下降·	农业生产	通过互联网、云计算和物联网等技术，依托部署在农业生产现场的各种传感节点和通信网络，实现农业生产的智能感知、智能预警、智能决策、智能分析、专家在线指导
第一产业供应链技术水平不高，导致农产品供需不匹配· 传统旅游业模式单一，乡村二、三产业发展缓慢· 乡村融资难、融资贵、融资慢·	乡村经济	·通过电子化、网络化方式完成农产品或服务的销售、购买和支付等电商业务 ·利用互联网、大数据等技术形成的新型产业组织形态，构建智慧乡村旅游 ·借助数字化技术减少金融服务中的信息不对称，精准匹配资金需求
乡村教育资源匮乏，教师资源少，网络覆盖普及率与城市存在差距· 乡村医疗卫生基础设施薄弱，医疗水平不高·	乡村民生	·将互联网等新一代信息技术与教育深度融合，推动乡村学校网络覆盖，城市优质教育资源与乡村对接 ·开发新的医疗健康应用、创新医疗健康服务模式
乡村治安水平不高，自然灾害应急管理水平不高· 乡村居民住较分散,政府力量有限等因素,导致乡村治理存在诸多难点·	乡村治理	·用数据挖掘、人像比对、智能预警、地理信息系统等技术建设信息化管理平台 ·通过物联网、云计算、大数据和人工智能等技术对突发事件进行管理和处置 ·利用互联网、大数据、云计算等技术手段，构建一体化政务服务平台

第三节　数字乡村在国外

　　城乡发展不协调是世界各国都面临或曾经面临的发展难题，为了实现城乡协调发展，全球许多国家都曾进行过不同方式的探索。20世纪中期前后，美日英等发达国家在建设乡村中探索了适应当地发展的模式，为我国数字乡村的建设提供了可参考学习的经验。

　　世界农业发展经历了以矮秆品种为代表的第一次绿色革命、以动植物转基因为核心的第二次绿色革命，随着现代信息技术与农业的深度融合发展，农业的第三次革命——"农业数字革命"正在到来。

　　数字农业是用现代工业生产的组织方式、管理理念和先进技术发展现代农业而形成的一种农业新业态，以"信息＋知识＋智能装备"为特征，与以"土地＋机械"为核心的传统农业有着根本性的不同。由于信息和知识作为生产要素介入，数字农业使得生产效率得到倍增放大，实现产业结构升级、产业组织优化和产业创新方式变革，增强农业产业整体素质、农业效益和竞争力，提升资源利用率、劳动生产率和经营管理效率。世界主要国家地区的政府和组织也相继推出了数字农业农村发展计划。

一、亚洲国家乡村治理数字化战略与实践

（一）韩国

1970 年，韩国政府为解决二战后韩国"先工后农"发展战略带来的农业萎缩、农村劳动力流失、城乡发展失衡等一系列问题，开展了"新村运动"。"新村运动"以"勤勉、自助、协同"为核心，通过完善农业农村基础设施建设，优化教育、医疗、精神文明环境，推动农村工业产业发展等方式全面改善农业农村生产生活条件，提升乡村治理水平，实现了乡村高效治理。

20 世纪 80 年代初，在基础设施逐步完善、乡村治理取得一定成效的基础上，韩国开始推动数字化基础设施建设与社会信息服务发展，出台了一系列信息化、数字化发展战略。目前，韩国已形成覆盖基础设施、信息服务、高端前沿技术、信息产业等全方位数字化战略规划体系。这些战略规划为乡村治理数字化发展提供了良好的政策环境，推动乡村治理数字化由乡村信息化基础设施建设向发展数字化公共服务、满足民众数字化自治需求方向转变。

时间	政策	主要内容
1970 年	农渔村经济革新开发计划	改善生活环境、发展农业产业提高农渔民生活水平
1970 年	"新村运动"	改善道路、生态环境、居住条件等农村生活环境
1993 年	信息产业育成计划	致力于发展计算机软件等信息软件
1994 年	农渔业振兴计划	利用信息化推动农村农业发展
1995 年	促进信息化基本计划	实现全社会最普遍需要的信息服务
1996 年	教育信息化促进试行计划	教育信息化为中央及地方政府的义务
1999 年	国家社会信息化推进计划	推进信息网络建设
2001 年	"信息化村"计划	注重农村互联网、电脑等基础设施建设与普及
2009 年	IT 韩国未来战略	推动多元产业信息化融合，提升韩国经济发展动力
2019 年	数据与人工智能经济激活计划	促进数据与人工智能的深度融合，通过实施激活数据价值链，构建世界水平人工智能创新生态系统

韩国重点依托"信息化村"计划，通过政府主导，带动乡村治理数字化发展。2002 年，"信息化村"计划试点依托信息化应用获得收益达 529

亿韩元。2004 年，在"信息化村"的示范带动下，农产品电子商务得到迅速发展，订货量和交易额分别提升了 113% 和 59%。2010 年，韩国农村信息化基础设施水平已步入世界前列，计算机在农村居民家庭中全面普及，农村 ADSL 非对称数字用户环路普及率超 90%。

乡村管理方面，20 世纪 90 年代中期，韩国开始进行以"信息共享、数据公开"为核心的数字化政府建设。早在 2000 年底，韩国各级政府就已实现行政网络的全面覆盖。目前韩国已构建完成涉及面广的系统平台以强化跨政府部门互动及民众与政府工作人员互动，使得电子政务在教育、行政、卫生、文化和经济上都在为乡村治理提供服务。

乡村教育方面，依托"信息化村"计划，韩国政府充分调动社会资源，通过与企业联合，发挥学校、科研院所的教育资源优势，在数字化基础设施完备的村庄依托于应用平台开展农村电子商务等数字教育培训，利用摄像机、无线通信、网络视频会议等设备载体建立多媒体远程咨询系统，实现乡村教育的数字化改造。

防灾减灾方面，韩国基于已有的智慧城市管理平台，建立了智能城乡安全网络。该系统通过各地设置的传感器，实时收集各地区信息，能够及时发现事故、灾害，并提供预警服务。同时，在事故、灾害发生时，该系统还能够协调运营中心、120 监控中心、119 服务中心等主体共同参与处理，有效提升事故灾害的处理效率。

（二）印度

虽然近年来印度经济高速增长，城市化进程不断加速，但目前印度农村人口比重仍然占全国总人口的 70% 以上，城乡在生产、生活等诸多方面差距较大。为提升农村居民生活水平，优化农村居民生产环境，印度政府不断加强对农村地区的支持。如，通过"农村综合发展计划"为农业技术服务、农村水利设施、农民职业培训、农村医疗、教育等乡村公共服务提供补助和贷款。

近年来，在《知识信息计划》《信息技术法案》等政策法规的带动下，印度数字化产业迅速发展。目前，印度已成为全球最大的业务流程管理基地，其软件产业价值占全球软件产业总价值的三分之一以上。印度政府依托其高速发展的数字化产业，通过各项数字化计划，开展共享网络、移动平台建设，实施电子政务管理，提升国民数字素养，推动社会数字化转型。目前，印度已在信息技术、信息资源、数字化建设等方面出台了系列战略法规，对于推动农村地区数字化治理起到了积极的作用。

印度重点依托数字印度计划开展乡村治理数字化建设。2015 年，印度政府在 1050 个试点村庄将其乡村公共服务中心改造成移动互联网接入中心，通过布设免费 Wi-Fi 为村民提供网络接入，提高农村居民的生活数字化程度。

时间	政策	主要内容
1998 年	信息技术行动计划	加强信息基础设施建设，保证信息能够有效、低耗地传输
1999 年	知识信息计划	计算机化管理 Dhar 地区的人口信息；在村镇中心路旁设立独立运营的信息中心
2005 年	信息技术法案	建立信息技术产业的法律框架
2009 年	生物识别项目	在国家层面建立身份证数据库，居民获得独一无二的生物识别编号，通过这个编号偏远地区村民也能够享有更多的政府服务
2011 年	印德工程	建设利用手机随时随地看病治病，让乡村远程医疗变得更加方便和及时的远程医疗服务
2015 年	数字印度计划	提升公众数字素养，实现电子政府管理；打造可靠、实时共享的互联网络
2016 年	国家数字化建设计划——"2017 智慧印度黑客马拉松"	将信息技术创新方式方法应用于全国各地区的技术研究机构

便民服务方面，印度政府依托知识信息计划，使收入、阶层、籍贯、土地所有权、债权等重要人口基本信息纳入计算机系统化管理。这个管理系统不仅覆盖各地区的行政中心，也贯穿于全国建立的 21 个独立运营的信息中心。其中，信息中心多设在村镇中心，不仅是信息收集的终端，同时也为每个村民提供如原产地证书/房屋所有权证书办理、农产品价格信息等服务，显著提高了印度乡村治理办公效率与服务能力。

社会治理方面，2009 年基于 Aadhaar 项目，印度建立了全球最大的生物识别数据库，目前已有超过 10 亿城乡居民获得生物识别编号，为乡村社会治理提供基础数据。普查人员以村长为信息输送者，通过手机给村长发布消息，召集村民进行身份信息收集。分析乡村居民各项信息数据，能够有效评估乡村居民的具体需求，实施具有针对性的政策措施，保证社会救济发放给真正有需要的人，使偏远地区村民们能够享有更多的政府服务。

乡村教育方面，移动热点的铺设开启了印度数字化支付的进程，印度政府与 ICICI 银行合作，推进印度村民数字教育培训。在印度第一个"数字村"Akodara 村庄，ICICI 银行向学校提供投影仪、电脑、视觉辅助工具等设施设备，实现教学数字化，并依托村庄建立的联网银行，为村庄提供数字跟踪和付款解决方案，对村民进行数字货币普及、数字化支付等培训。

乡村医疗方面，印度空间研究组织（Indian space research organization）响应农村发展需要的号召，利用高级通信卫星，发展远程医疗，破解了农村求医缺乏专家的难题，还为乡村医生升级专业知识、提高自身技能和解决疑难杂症等提供了一个有效的解决途径。2011年，印德工程（Indo-German project）和英特尔调研项目（intel research）资助的移动远程医疗服务，即利用手机随时随地看病治病，使得远程医疗变得更加方便和及时。

（三）日本

1947年，为实现农民互助，日本建立了以"自愿联合、自主经营、民主管理"为原则的日本农业协同组合。目前，日本农协在为农村居民提供多元化社会服务、优化农业农村生产生活条件、提升农业生产效率等方面发挥了重要作用。日本以振兴产业为手段开展的系列"造村运动"，也为日本乡村治理效率、效益提升提供了良好的条件。

20世纪末，日本开始重视数字化建设，通过出台《21世纪农林水产领域信息化战略》，大力开展农村通信基础设施建设，着力扭转日本农村与大城市在社会数字化方面的巨大差异。此后日本陆续围绕信息基础设施、信息技术、远程医疗等方面制定了e-Japan战略、u-Japan推进计划、i-Japan战略等一系列数字化建设战略。这些数字化建设战略的实施加速了日本社会数字化进程，带动乡村治理数字化发展。

日本采取政府主导方式开展乡村治理数字化建设。通过实施u-Japan推进计划，积极开展了以泛在网络平台为代表的网络协作基础建设以及涵盖电子标签、传感器网络、机器人网络、智能交通系统（ITS）、地理信息系统（GIS）等内容的全国性物联网体系。

时间	政策	主要内容
1999年	21世纪农林水产领域信息化战略	加强农村通信基础设施建设
2001年	e-Japan战略	加速网络基础设施与电子政府建设，实现政府网络实时联通
2006年	u-Japan推进计划	加快全国性通信基础设施建设，消除地区之间的数字差距
2010年	教育信息化指南	提出具体教育信息化建设规划及操作使用方法
2015年	i-Japan战略	加速电子政府、医疗信息化、教育信息化建设

乡村政务方面，从 e-Japan 战略开始，日本便利用现代信息通信技术，全力推进电子政务及行政改革。其中，通过"国民电子个人信箱"项目为公众提供自行管理个人信息资料的在线平台，实现电子政务一站式服务。

乡村医疗方面，在 i-Japan 战略支持下，日本进一步加强医疗信息化基础设施建设，借助现代化信息技术手段，提升远程医疗水平，优化乡村等偏远地区基础医疗服务；同时，进一步加强日本国民电子病历的推广应用，提升医疗信息的电子化、系统化，为乡村医疗数字化发展提供数据基础。

乡村交通方面，继日本地方推出紧凑型公共汽车自动出行服务，日本政府进一步积极开展自动驾驶汽车研发，以满足乡村及偏远地区交通需求。

生产服务方面，日本地方农业政府部门广泛收集其所在辖区县存在的农业生产问题，进而梳理解决问题的技术手段，以官网公布形式为农民提供该技术相应供应商的资质、联系方式、设备功能等信息，为农民提供解决农业生产问题的渠道。

二、欧美国家乡村治理数字化战略与实践

（一）英国

自 20 世纪 60 年代，英国就开始出现"逆城市化"现象。近年来"逆城市化"愈演愈烈，2016 年英国乡村人口净流入量达到 7.05 万人。在此背景下，英国政府始终十分重视乡村治理，尤其在乡村自然环境方面。1949 年，成立了国家公园委员会以保护乡村社会的自然人文景观。1968 年成立了乡村委员会以维护乡村的供给服务基础设施。英国乡村自然环境保护、英国农业世界竞争力、乡村社区繁荣等具体乡村发展项目的实施由英国环境、食品及乡村事务部作为核心部门具体负责。2011 年，英国进一步成立了专门负责乡村政策事务的乡村政策办公室。至此，英国建立了完善的乡村治理体系，有效提升了乡村治理效能。

目前，数字化治理已经成为英国数字化发展的重要领域。自 2012 年首次提出打造"数字驱动"政府以来，英国就在数据能力发展、政府数字化转型、农业信息技术应用、乡村发展等层面，陆续制定并出台了相关国家战略规划。这些战略规划的出台，从数字政府、数字农业、数字乡村等多元角度推动了英国整体数字化治理发展。目前，英国已建成"以人为本、高度灵活、高度包容"的数字化政府，乡村治理范围也从环境治理拓展到自然与人文环境治理相结合。

"建设城乡一体治理"是英国乡村保存委员会独具特色的乡村治理理念。目前英国采取城乡一体化治理格局，重点依托政府数字化转型平台及公共服务，开展乡村治理数字化建设。

时间	战略	战略内容
2000 年	乡村未来计划	保护乡村自然环境，提高乡村公共服务水准，推动乡村经济活动多样化等
2004 年	英国农村战略	打造环境优良、安全宜居、具有可持续发展活力的乡村社区
2007 年	欧盟乡村发展 7 年规划（2007—2013）	保护乡村环境，推进乡村地区经济建设
2012 年	政府数字化战略	打造"数据驱动"的政府，加速政府"数字化"服务进程
2013 年	英国数据能力发展战略规划	提出将大数据技术作为提升政府治理能力的重要手段
2013 年	英国农业技术战略	应用现代信息技术，提升乡村农业基础设施建设水平
2015 年	2014—2020 年英国乡村发展项目	针对乡村经济提升、农林业发展、自然环境保护、气候变化应对以及乡村社区促进等方面提供资金支持
2017 年	政府转型战略（2017—2020）	建立标准与技术实施规范，改进数据挖掘技术，创建多重业务功能，提升数字技术推广水平等
2017 年	英国数字化战略	构建世界级数字基础设施，为全体公民提供所需的数字技术，将英国打造为开展数字商务的最优市场，帮助英国商务向数字商务转变，将英国打造为世界上在线生活和工作最安全的地方，维持英国政府在市民在线服务领域的世界领先地位
2019 年	农村千兆位全光纤宽带连接计划	建立以小学为中心、连接农村地区的中心网络模型
2019 年	英国政府五年规划	优化、普及移动健康和远程医疗资源

乡村政务方面，英国依托其全球领先的电子政府系统，打造了政府在线身份识别系统、政府支付系统以及政府通告系统，为民众提供快速、安全的身份识别、在线支付、政务通告等便民服务。此外，英国环境食品和农村事务部将共同农业政策计划进行数字化转变，推出共同农业政策款项系统。

乡村教育方面，20 世纪初期，伴随着《福斯特教育法》的颁布，许多农村居民逐渐拥有接受正规教育的机会。1969 年，英国建立了全球第一所开放大学——英国开放大学，它具有先进的办学理念、完善的治理结构、全面的战略愿景、合理的教研体系和健全的质量保障体系，成为世界远程教育的旗帜。现阶段英国重点依托已有的先进远程教育体系开展乡村教育服务，通过互联网教学方式帮助村民群体提升文化素质和知识技能。2019 年，英国政府向大多数农村和偏远地区推出了农村千兆光纤宽带连接计划（RGC），计划建立以小学为中心、连接农村地区的中心网络模型，通过高速网络推动当地学校学生接受在线教育。目前已确定有资格建立连接的学校达 31 所。

乡村医疗方面，早在 1948 年，英国就建立了国民健康服务体系。作为典型的福利型医疗服务体系，英国不断加强对医疗服务领域的投入，推动英国医疗服务迅速发展。目前已拥有全球领先的远程医疗中心，使得 180 万人享受到了社区警报和远程保健服务，有效减少养老院床位 25%。2019 年，英国政府进一步将"数字健康、移动远程医疗服务"作为国家五年发展规划重点之一，加快远程医疗的普及化发展。此外，部分地区也针对当地乡村需求，积极推进在医院之间建立共享网络、开展远程医疗延伸服务等。其中，威尔士通过开发电子健康系统、电话健康热线和远程医疗技术，提升了农村初级保健、临床评估及专科医疗等服务的效率。

环境治理方面，英国十分注重对乡村生态环境的保护，早在 1978 年即建立了农村生态服务系统，目前重点依托政府支付系统实现农村生态服务补贴及赔偿支付等行为。同时，英国建立了城乡自动网络（AURN），对空气中的氮氧化合物、二氧化硫、臭氧、一氧化碳以及颗粒物进行实时监测，并通过各种电子设备、媒体渠道以及网络平台将信息传递给大众，为环境空气质量的进一步优化治理提供数据基础。

便民服务方面，英国依托已有的金融系统平台，通过开展在线业务办理，为乡村居民提供便捷的金融服务。如英国土地注册处（HM Land Registry）推出的数字抵押服务，使人们能够随时随地在电子媒介上签名，消除了纸质材料填写、签名以及见证人在场等限制，有效提升了抵押效率。目前英格兰和威尔士的数百万人可以实现在线签署抵押契据。

（二）美国

美国作为全球城市化水平最高的国家，2017 年农村人口占比不足总人口的 2%。20 世纪初，城市人口激增导致许多人向城市郊区迁移，带动周边小城镇迅速发展。目前，美国已实现高度城乡一体化发展，以公共服务为导向，采取城乡一体化治理模式，重点依托小城镇建设推动整体农村社会进步。作为美国"促进农村繁荣和经济发展"的关键，农村电子互联得到美国农业部的大力支持。美国农业部依托公共事业服务电信项目，每年为不到 5000 人的社区提供或加强宽带服务的投入资金超过 7 亿美元，提供 3000 万美元宽带补助金和 2900 万美元贷款用于建立公私伙伴关系，将高速电子连接扩展到美国农村地区，提供 2900 万美元用于远程教育和远程医疗补助。

美国积极推进政策数字化转型，陆续出台了《开放创新备忘录》《数字政府：建立一个面向 21 世纪的平台更好地服务美国人民》等法规战略，加速推动数字政府的建设。2012 年发布的《大数据研究和发展计划》，更是提出将大数据技术作为提升政府治理能力的重要手段。乡村治理作为国家治理的一部分，其数字化进程也受到这些政策的大力推动。以公共教育和医疗服务为代表的社会公共服务信息化建设战略规划，也从乡村公共服务数字化角度推动乡村治理数字化发展。

美国的乡村治理数字化实践覆盖乡村政务、乡村公共服务、乡村公共安全、乡村应急事件响应以及乡村日常生活等多个方面。

乡村电子政务方面，美国乡村治理重点依托国家已有的成熟的国家政务处理系统，农村居民通过 Data.gov 能够便捷地获取家庭能耗等公共信息，且该平台也为私营企业提供开发便民应用服务所需的数据基础，有效提升乡村公共服务效率。

时间	政策	主要内容
1993 年	美国乡村发展战略计划：1997—2002 年	授权农业服务署发放 777 亿美元农村发展贷款，用于支持农村商业合作、住房、社区公共服务、电力、通信、水和废物处理以及贫困社区可持续发展方面的项目
2002 年	农业安全与农村投资法案	提高对乡村地区的支持力度，新增拨款 700 亿美元；将实施农村电子商务推广计划作为"乡村发展计划项目之一
2009 年	开放政府战略	加快政府开放公共数据
2011 年	联邦医疗信息化战略规划（2011—2015）	强调数字信息系统的建设，构建医疗大数据
2012 年	大数据研究和发展计划	投资改进数字资料构成、访问以及信息提取相关技术工具
2012 年	数字政府战略	确保实时获取高质量数字政府信息与服务；确保政府适应新兴数字世界并通过智能、安全和低成本的方式获取应用与数据；发挥政府数据的作用，推动美国创新，更好地为美国人民服务
2014 年	美国医疗信息化战略规划（2015—2020）	提高对农强调数据的互操作性和共享使用，通过应用医疗大数据来实现个人更好的自身健康管理、医务人员更高的医疗水平，以及公共医疗服务机构更好的公共卫生医疗服务
2018 年	2018 农业进步法案	提高对农村宽带计划的支持水平，为更多农村居民提供宽带服务

乡村教育方面，美国各州、学区和学校通过有计划开展数字化学习，形成了以农村 K–12 学校学生在线混合学习为代表的乡村数字化教育模式。在线混合学习方式包括州立虚拟学校提供的在线课程和其他服务、课程选择项目、完全在线学校、联盟项目和区域服务机构四种类型，能够有效为乡村青少年提供个性化课程学习支持服务、在线课程选择服务、定制教育服务。

乡村医疗方面，针对农村和其他偏远地区，美国政府重点发展远程医疗，建立了远程医疗发展办公室（OAT），专门负责远程医疗技术在农村及偏远地区医疗保健、健康信息服务的应用。阿肯色州建立了产前和新生儿指南、教育以及学习系统（ANGELS），已覆盖 500 个农村地区，为农村社区医院、卫生部门和一些私人医生办公室配备了远程医疗和宽带设备，以便联系农村患者与阿肯色大学医学科学院（UAMS）专家。UAMS 专家使用视频会议设备、计算机、服务器、宽带连接和其他技术，提供产科咨询、高危妊娠疾病治疗、哮喘护理、卒中护理、心理健康服务等。

乡村安全方面，美国政府采取城乡统一的社会管理模式开展社会安全治理。目前，美国建立的 CompStat 警务管理系统能够实现纽约全市犯罪活动、交通事故的数据信息展示及挖掘分析。此外，随着美国政府对内部数据的不断开放，出现了以 RAIDSOnline 为代表的非政府开发的安全治理相关应用系统。这些应用系统对于乡村安全保障起到了积极的作用。

防灾减灾方面，美国国家气象局（NWS）建立的气候、水和气候企业（weather enterprise）系统不仅能够提供特定地点的天气信息，也能够满足水资源管理、企业、社区以及其他气象敏感组织的需求。在防灾减灾方面，该系统能够通过电子邮件、文本、电话、电脑软件、应用程序、桌面浏览器以及无线电等多元方式为公众提供恶劣天气警报，提前预防气象灾害。此外，美国农业部研发的 Farmers.gov 能够随时随地为农户提供灾难援助查询，为因灾害影响受损的农户提供相关援助政策信息，帮助受灾农户及时止损。

食品安全方面，美国农业部搭建了现代化公共卫生信息系统（PHIS），拥有完善的数据库，能够在近 6200 家工厂中更有效地识别公共卫生趋势和食品安全违规行为，有效保障食品质量安全。同时，美国农业部也搭建了 FoodSafety.gov，从食品召回与警报、食品安全图表、保持食物安全、解决食物中毒以及潜在危险对象等五大方面开展食品安全宣传教育。

（三）德国

德国不仅是著名的老牌工业强国，其畜牧业也有很高的发展水平。德国的养猪场大力推进规模化发展，利用规模化的生产和经营获得较高规模效益。以州为单位，在一个州的范围内，养猪场之间有明确分工协作和专业化生产，形成种猪场、商品猪场和自繁自养场等不同结构层次，确保每个养猪场的专业化生产和资源高效利用。养殖过程中绝大多数工序通过自动控制系统实现，生产管理方面利用现代设施和技术实现饲喂自动化。猪每天的进食量由计算机控制，根据不同生长期和生产性能对猪进行定时、定量喂养。

（四）荷兰

荷兰农业是一个资源密集型与知识密集型、技术密集型相结合的产业，具有世界领先的技术。完善的教育体系和严格的从业资质管理制度，使农民具有较高的素质，为农业成为一个具有国际竞争力的产业提供人力保证。

例如，对从事农业生产经营的劳动力资质具有明确标准，只有取得农业大学毕业证书即绿色证书的人，才有资格种地和养牛。荷兰的设施农业是欧洲现代农业典范，其温室建筑面积为11亿平方米，占全世界玻璃温室面积的1/4，主要种植鲜花和蔬菜，具有智能化环境控制、现代化栽培技术等特点。

（五）欧盟委员会

欧盟委员会提出"农业生产力与可持续的欧洲创新伙伴关系计划"（eip-agri），建立起"地平线2020"计划与农村发展支持计划之间的联系，由政府和企业共同资助各类科研机构深入挖掘农业大数据的商业价值。

以色列凭借较高的信息化和数字化基础，充分利用农业大数据新型生产要素，将人的因素纳入农作物生长及环境状况的大数据分析范畴，实现农业管理信息化，其农业数据产品服务于多国农业生产。其中，以色列的"节水农场"蜚声海外。所谓"节水农场"，指的是根据气候、土壤、地形、水源和各种植物生长特点具体设计的节水灌溉系统，主要采用局部滴灌、压力灌溉、水肥灌溉、加大循环水利用、水肥一体化设计等方法来提高灌溉水的利用效率。相关技术人员采用农业大数据技术，对灌溉、施肥、温度、湿度等进行控制和管理，有效提高农产品的产量、质量。同时，整个系统都可以通过电脑来进行自动调节和控制，根据土壤的吸水能力、作物种类、作物生长阶段和气候条件等定时、定量、定位对农作物供水，不仅节水、省力而且大幅度提高农作物单位面积产量。

（六）比利时

比利时部分农学院和农业技术研究中心肩负农业科研推广工作，涉及领域包括基础研究和技术服务。其与政府各研究机构、其他院校和种植业者都保持紧密联系，多次召开各种会议进行讨论交流，给予农民种植技术指导，以推广其实用技术。例如，比利时艾诺省农产品检测中心利用计算机网络、数据库等技术，对艾诺省每片土地进行登记记载，建立土壤数据库，对土壤变化进行实时观察、记录、分析，并对农场主提供技术服务和指导。此外，比利时马铃薯产量可达每公顷20吨，为我国的2~3倍，如此高产得益于农业研究机构对马铃薯晚期疫病的研究、观测和技术援助。农学院农业研究中心与当地农场主协作，通过获取大量气象数据，采用实时监测分析等技术，及时向农户发布施药时间和药量，从而有效避免晚期疫病发生，使马铃薯产量得到很大提高。

在绿色意识培养方面，比利时政府大力发展生态农场，在无行政手段施压的情况下，促使农民树立尊重环境、注重产品质量和实现可持续发展意识；政府则积极创造条件，大力推动生态农业，发展生态农场。比利时绝大多数生态农场主都取得了成功，他们收入普遍高于普通农业生产者收入，且收入相对稳定。一个较大农场中既种植甜菜也养殖奶牛，农场主可利用甜菜加工转化为饲料，将奶牛排泄物制成农家肥，节省大笔化学农药费用，达到保护环境和降低种养成本的目的。生态农场农产品售价高，凡是贴有"生态农业"标签的产品价格均明显高于普通农产品，并且不受国际市场价格影响。源自生态农场的农产品具备固定消费群，可自产自销，独立性强。例如，位于比利时图尔奈市的"灰十字山羊奶酪牧场"在实行有机种植后有效恢复整个农场生态，为降低畜牧压力，该农场主采用混合饲养方式。作物种植方面，农场主同样采用混合种植方式，有机肥用混养牲畜粪便制作而成，通过适当方式发酵、堆肥，充分利用动物排泄物制作成天然有机肥，让原本的废物转变为有价值产物，为蔬菜提供有机营养。

三、国际经验与启示

（一）完善国家顶层设计，保障乡村治理数字化稳定运行

乡村治理数字化建设应完善制度保障，在国家层面出台专门的乡村治理数字化发展战略、标准规范等，以指导和保障乡村治理数字化稳定运行。例如韩国的"信息化村"计划，印度的数字印度计划，日本的e-Japan战略、u-Japan推进计划与i-Japan战略，美国的《美国医疗信息化战略规划(2015—2020)》，英国的《2014—2020年英国乡村发展项目》等均从国家层面对乡村治理如何数字化改造进行统筹规划，实现从国家全局角度对乡村治理数字化建设进行顶层设计，自上而下全面指导乡村治理数字化的纵深推进。

（二）建立数据资源共享体系，夯实乡村治理数字化基础

乡村治理数字化的本质在于数据共享与价值再造，应充分利用已有信息服务与信息共享数据平台，进行数据资源的整合和共享。数据资源共享体系已成为各国乡村治理数字化建设的重中之重。如，印度倡导公众实时共享网络及移动平台服务；美国政府提出共享平台原则，倡导降低成本数据共享；英国政府提出开放共享数据，以更好地利用数据。各国数据资源

的整合共享能够为乡村治理数字化提供坚实的数据保障，为其进一步实现乡村治理大数据智能化奠定扎实的数字基础。

（三）依托已有成熟政务系统，加快城乡一体数字化治理

乡村治理数字化作为国家治理数字化的一部分，目前尚处于初步建设阶段。将已有成熟政府系统进一步延伸至农业农村领域应用，能够有效降低乡村治理数字化建设成本，加快城乡一体数字化治理发展。如，韩国采用覆盖全国的行政网络开展乡村管理；印度基于全国身份证数据库来提供具有针对性的乡村服务；日本推出城乡统一的人工智能养老模式；美国采用城乡统一的社会治安管理模式；英国采用政府支付系统来完成乡村环境治理中的生态服务补贴发放以及赔偿支付等。各国依托已有政务系统的城乡一体化数字治理实践，显著降低了乡村治理数字化建设成本，提高了乡村治理数字化效率，并有力推动了城乡一体化发展。

（四）提升公众数字化素养，促进公众参与乡村治理

乡村治理数字化的可持续化发展需要具有数字化素养的人才队伍长期运营，需要具有数字化素养的居民配合应用，应通过开展数字化技能知识培训、宣传，提升乡村治理数字化参与主体的数字化素养及乡村治理参与意愿。例如韩国充分调动院校教育资源，开展农村数字化人才教育培训；印度政府与 ICICI 银行合作，提升村民数字素养；美国与英国致力于提升政府人员数字化治理与服务能力。各国通过多种方式助力各参与主体的数字化素养提升，有利于提高乡村治理能力与效率，促进更广泛的乡村居民参与数字化治理。

乡村治理是国家治理的基础，各国依托现代信息技术促进乡村治理数字化，推动社会治理现代化进程。从整体来看，国外普遍采取城乡一体化治理模式，依托全国电子政务系统开展乡村政务数字化建设、依托已有公共服务系统结合乡村居民实际需求开展具有不同侧重的乡村公共服务数字化建设。我国应借鉴国外乡村数字化发展经验，从顶层设计、数据资源共享基础、城乡数字一体化以及主体数字化素养四大方面出发，提升乡村治理数字化水平。

第四节　任重道远的数字乡村发展

"十四五"时期是全面推进乡村振兴、建设数字中国的发力期。《数字乡村发展行动计划（2022—2025 年）》就巩固拓展脱贫攻坚成果、做好网络帮扶与数字乡村建设有效衔接作出专门部署。实际上在脱贫攻坚阶段，数字技术已经大显身手，在数字乡村建设阶段也将大有作为。然而也应看到，数字乡村建设任重道远。农村基础设施较薄弱，城乡数字鸿沟依然存在，乡村数字治理体系尚未完全建立，农村专业技术人才短缺。尚有相当农村人口不能熟练使用智能手机，更不用说电商直播、智慧农业操作。为此，专家指出，由于我国地区发展特色各不同以及数字基础不一，因此在发展数字乡村时要注意优化产业布局，形成地区特有的数字乡村模式。目前数字乡村处在起步阶段，需进一步推进试点乡村建设，寻找普适性高、可推广性强的数字乡村建设道路。加强人才扶持，努力培育更多信息时代新农民，培育乡村智慧旅游、创意农业、认养农业等新业态新模式，让数字乡村建设为乡村振兴和农业高质量发展打开一片蓝海。

一、关键技术有待突破

目前，"缺少关键实用的智能化设备和技术"是制约我国数字乡村进一步发展的典型问题。以智慧农业发展为例，作为智能化管理基础的农业生产传感器主要依赖进口，智能农机装备应用范围不大，终端远程控制系统、动植物模型与智能决策存在短板，缺乏专门针对我国实际生产场景及多样化市场的技术产品，难以满足现实需要，从而限制了在更大范围内推广和发展智慧农业，阻碍了 ICT 技术应用于农业生产经营的进程。

二、创新应用需要继续开发

当前，各级政府、运营商、互联网企业、新型农业生产经营主体等数字乡村建设推进力量，已经在智慧农业、乡村数字治理、乡村数字公共服务等新业态新模式方面探索出一些具有可复制性、可推广性的数字乡村创新应用，部分已经在农村地区落地，并取得明显的成效。总体而言，目前在数字乡村建设的各个层面，特别是在被视为"数字乡村建设主战场"的县域层面还缺少更多具有影响力的乡村治理、乡村服务应用，如乡村治理中的"微法庭"需要进一步深入，乡村服务的"农房一件事"需要迭代升级等，数字乡村建设的新应用新场景也需要进一步开发。在村镇层面，不同类型的乡镇、村庄目前仍缺少数字乡村建设样板，需要进一步探索实践。

三、数据资源价值未能充分发挥

数据资源是数字乡村建设的基座，数据资源的充分整合和有效利用能够产生重要价值，能够转换为乡村产业发展的实际效益，并为乡村的动态管理、全盘管理、前瞻管理提供有力的支撑。当前，乡村数据要素分散无序、统一的数据标准缺乏、数据资源体系不健全、数据资源集成度不足仍然是普遍存在的现象，其原因在于数据利用中存在"重基础建设轻实际应用"的问题。

目前，不少数字乡村试点地区已经建立了各类数据中心，但很多还停留在数据搜集、展示和初级的统计分析层面，真正与乡村生产生活相融合的功能较少，导致基础设施建设多、信息应用普及少、公共服务效能低的问题，数据价值没有得到充分挖掘利用。并且，从支撑数字乡村管理决策的层面来看，省、市、县之间数据联动不充分，数据重复填报、采集的问题仍然存在，需要进一步优化和完善。

四、建设力量需要进一步培育壮大

数字乡村建设的关键在于激活、培育数字乡村建设主体，充分发挥市场的作用。当前各地的数字乡村建设多集中于政府层面的规划实践，乡村干部群众参与较少，他们的主体地位未能得到充分发挥，"政府动，农民不动"是数字乡村建设中存在的突出问题。另外，社会力量参与不够充分，数字乡村建设需要长效性的投入和可持续的运营，这有赖于政府和社会力量的共建共推，"政府主导＋社会力量参与"被认为是开展数字乡村建设的可行模式，但就当前的情况来看，"政府一头热"的情况还在一定程度上存在，运营商、互联网企业等社会力量的积极性没有得到充分调动。

口袋卡

数字乡村素描

未来，智慧农业建设将由点向面逐步展开，互联网、物联网、大数据、人工智能、区块链等现代信息技术将与农业全产业链各环节深度融合，农业数字化转型步伐将明显加快，农业产业数字化的潜力将快速释放，"谁来种地、怎么种地"的问题将得到初步解决。经营网络化将继续呈现创新发展的态势，农产品网络零售额占销售总额的比重仍将较快提升，县乡村电子商务体系和快递物流配送体系将加快贯通，内容电商、视频电商、直播电商以及区块链技术支撑的信用电商将推动新产业、新业态、新模式不断创新发展，引领农村数字经济发展、促进农业产业高质量发展的作用将进一步放大。乡村社会数字化治理将得到巩固提升，以数字技术支撑的"智治"将与自治、法治、德治共同构成基层治理的基本方式，行政村"三务"公开水平将持续提升，平安乡村建设、远程医疗、远程教育、农民在线办事等民生保障信息化服务将加快普及，农民群众分享信息化成果的获得感、幸福感、安全感将显著增强。涉农部门数字化决策服务能力将明显增强，一大批农业农村领域的新型信息基础设施将建成运行，数据资源整合共享、有序开放、流通交易的体制机制将得到强化完善，算法模型、人工智能技术将得到逐步应用，用数据说话、用数据决策、用数据管理、用数据服务的行政管理机制和方式将基本形成。

第二章

发展实践

第一节　信息基础设施建设

【导语】

"要想富，先修路"，这是中国经济发展的"经典"话语。同样，这句话也适用于"数字时代"。

在艰苦卓绝的脱贫攻坚战中，"数字化"留下了浓墨重彩的一笔；在巩固拓展脱贫攻坚成果同乡村振兴有效衔接的当下，"数字化"正以其催生的一系列新经济模式，为乡村振兴提供全新动力。由新型基础设施建成的信息化、数字化"大道"，正是数字乡村的基石和实现乡村振兴的"必修之路"。

当前，中国已成为世界公路里程第一、世界高铁里程第一、光缆线路世界第一、移动通信基站世界第一的国家。光纤、宽带网络是信息流动的"高速公路"。信息高速公路正在促进着经济欠发达地区与全国乃至世界各地的信息联通，信息进村入户打破了城乡间的"数字鸿沟"，从多个方面带动农村经济发展和农民脱贫致富。交通与通信设施的快速建设，生产效率的快速提高和电商的大规模崛起，让中国获得了在现有生产力发展水平之上整合重组全国全局生产要素的能力。这种重组会获得巨大的经济乘数，而这些经济乘数正是乡村振兴坚实的物质力量。

一、打牢数字乡村的"地基"

随着经济的飞速发展和社会的迅猛变革，现代化的生产与生活方式已经逐渐向数字化、智能化和自动化方向转变。在这个新的背景下，新型基础设施建设成为了最重要的发展理念。新型基础设施是以新发展理念为引领，以技术创新为驱动，以信息网络为基础，面向高质量发展需要，

提供数字转型、智能升级、融合创新等服务的基础设施体系。未来，在建设新型基础设施的过程中，信息基础设施、融合基础设施和创新基础设施将成为建设的重点。

（一）凸显"技术新"的信息基础设施

1. 信息基础设施的范围

信息基础设施是数字乡村发展的重要基础，支撑着各种信息化应用和服务的基础。信息基础设施的范围非常广泛：

网络设施：包括有线和无线网络设备，如光缆、光纤、无线路由器、交换机、网卡等。网络设施是信息基础设施的基础。

通信设备：包括电话、手机、传真机、对讲机等通信设备。它们可以提供语音通信和短信服务。

计算设备：包括各种计算机硬件、中央处理器、存储设备、计算机网络、数据处理器等。计算设备可以处理各种信息处理和计算任务。

安全设备：包括网络防火墙、VPN、安全认证等安全技术和设备。安全设备是保障信息安全的重要手段。

数据库：包括各种关系型数据库、大数据存储等。数据库是储存和管理大量数据的关键设备。

信息系统集成：包括各种信息系统的集成、调试和维护等服务。信息系统集成是保障信息系统正常运行的关键因素。

云计算和大数据：包括云计算技术和大数据处理技术。云计算和大数据是信息基础设施的新趋势，可以提供更高效、更灵活、更可靠的信息服务

随着"宽带中国"战略深入实施和电信普遍服务试点的逐步深入，我国农村宽带网络覆盖率快速提升，乡村广播电视网络基本实现全覆盖。截至2021年底，全国行政村通宽带比例达到100%，通光纤、通4G比例均超过99%，基本实现农村城市"同网同速"。5G加速向农村延伸，截至2022年8月，全国已累计建成并开通5G基站196.8万个，5G网络覆盖所有地级市城区、县城城区和96%的乡镇镇区，实现"县县通5G"。面向农村脱贫户持续给予5折及以下基础通信服务资费优惠，已惠及农村脱贫户超过2800万户，累计让利超过88亿元。2021年农村居民平均每百户接入互联网移动电话229部，比上年增长4.4%。截至2022年6月，农村网民规模达2.93亿，农村互联网普及率达到58.8%，是"十三五"初期的两倍，城乡互联网普及率差距缩小近15个百分点。

物联网、移动互联网等技术逐步应用于乡村公路、物流、电网、水利等领域，乡村融合基础设施初具雏形。全国农村公路基础属性和电子地图数据库建设完成，多地试点探索农村公路建、管、养、运管理信息化建设。2021年已完成446.6万公里农村公路电子地图数据更新工作，并同步制作专项地图，全景、直观展示全国农村公路路网分布情况。数字孪生流域建设在重点水利工程先行先试，全国水利"一张图"正式发布，智慧水利建设进入全面实施阶段，截至2021年底，全国县级以上水利部门应用智能监控的各类信息采集点达24.53万处，其中66.4%已纳入集控平台；截至2022年6月，已有2766个县共53.04万处农村集中供水工程建立了电子台账。农村电网巩固提升工程深入推进，2021年全国农村地区供电可靠率达到99.8%。支撑农产品上行的基础设施明显改善，截至2022年底，3年共支持约3.6万个家庭农场、农民合作社、农村集体经济组织，建设6.9万个产地冷藏保鲜设施，新增库容1800万吨以上。乡村智慧物流设施更加完善，农村冷链物流设施逐步建立，乡村无人机投递示范区建设广泛开展。水利信息基础设施能力不断提档升级。

2. 信息基础设施的三个发力点

1）网络基础设施完善

网络基础设施的完善，能够为乡村居民带来多样的信息获取渠道，能够深入地影响乡村地区传统生产生活方式和文化的改变和发展。电信网络的建设，是数字乡村建设过程中物联网、大数据、云计算、人工智能、GIS、

区块链等诸多新一代信息技术的支撑，是实现农村电商、"互联网＋政务"等一系列数字乡村服务的基础。乡村广播电视网络，承载着乡村政策法规宣传、公共应急指挥、农业气象播报、乡村文化教育、乡村娱乐生活等多项功能。做好乡村网络基础设施建设，一是在乡村光纤网络建设中，要不断优化提升其承载能力，实现行政村的宽带接入全覆盖，对于有条件的行政村提供千兆光纤接入，推动基于 IPv6 的新一代互联网规模部署和应用；二是在乡村移动宽带网络建设中，应加大投资建设力度，优化现有网络性能，提升网络质量和覆盖深度，适时推进 5G 网络在乡村的建设；三是在广播电视网络建设中，利用现有资源，结合新技术，提高农村广播电视覆盖率，丰富广播电视节目的提供渠道，实现广播电视的全面覆盖。同时，要秉承共建共享原则，避免线缆管道、铁塔、杆路、机房、通信设备、电力供应等设施的重复建设。

2）传统基础设施升级

对传统基础设施进行数字化升级，是通过实施部署泛在的感知设备，收集监测基础设施的各项运行状态数据，汇集成为各类智能算法模型，进而大幅提升传统基础设施的工作效率。推进传统基础设施数字化升级，能够培育新的经济增长点，对接新的市场需求并且创造更多就业机会。在升级过程中，要统筹兼顾不同区域、不同行业的特点和数字化程度，因地制宜、分门别类地推进数字化进程，促进乡村经济协调发展。

做好传统基础设施数字化升级，一是建设农村地区智慧水利设施，省级水利部门应建设全要素动态感知的水利监测体系，实现涉水信息动态监测和自主感知，推进水利信息在各级农业部门间开放共享，并向社会公开，提高水利设施的管理效率和社会服务水平；二是建设农村地区智慧气象设施，省级气象部门深入应用新一代信息技术，打造具备自我感知、判断、分析、选择、行动、创新和自适应能力的智慧气象系统，服务于农业生产和农村居民生活；三是建设农村地区智能电力设施，电力部门应加大农村电网建设力度，推进多种可再生能源上网，利用数字化技术对电网进行监测、保护、控制和计量，实施用电量预警，实现电力灵活调配，保障农业生产、农产品加工、乡村旅游、农民消费升级的用电需求；四是建设农村地区智慧交通设施，省级交通部门应统筹建设面向农村居民的公共出行服务平台，构建农村公路管理系统，将农村道路（含村内道路）建设管理养护纳入省市一体化路网管理体系；五是升级农业生产基础设施，省级应建设农业物联网平台，在农业生产场景中布设传感器，形成农业监控网络，并通过对各类信息采集，实现农业生产在线监测和生产过程精准管理；六是升级农村物流基础设施，搭建县、乡、村三级物流网络体系，建设县级农村物流中心、乡镇农村物流服务站和村级农村物流服务点，推进乡镇运输服务站的信息化建设和农村物流信息终端部署，开展农产品仓储保鲜冷链物流设施建设，引导生鲜电商、邮政、快递企业建设前置仓、分拨仓，配备冷藏和低温配送设备。

3）信息服务基础设施建设

乡村信息服务基础设施是乡村信息化建设的重要内容和载体。发挥信息服务基础设施的应有功能，重点在于信息的实用性。一是提供政务信息服务，主要包括涉农政策宣传、推送、查询等政策信息服务，村级党务信息采集、维护等党建信息服务，政策补贴查询和领取、政务服务事项互联网代办等其他政务信息服务；二是提供生产信息服务，主要包括农情咨询、农具及农资网上采购、农机作业服务网上预约等农业生产经营信息服务，农业生产技术培训、信息技术使用技能培训、农业科技信息推送等科技知识获取服务，网上代购代卖、农产品供销信息对接、农产品及特色资源网络营销推广、网店开办辅导等销售流通信息服务；三是提供生活信息服务，主要包括各类通知发布推送、乡村居民线上交流互动平台维护等社区交流信息服务，生活费用代收代缴、商业服务及中介服务代办、公益服务等便民类信息服务，就业信息获取和发布、就业技能培训、农村创新创业经验交流等就业信息服务。

口袋卡

什么是关键信息基础设施？

关键信息基础设施是指公共通信和信息服务、能源、交通、水利、金融、公共服务、电子政务、国防科技工业等重要行业和领域的，以及其他一旦遭到破坏、丧失功能或者数据泄露，可能严重危害国家安全、国计民生、公共利益的重要网络设施、信息系统等。

关键信息基础设施安全保护条例
2021 年 9 月 1 日正式施行。该条例对于维护国家网络空间主权和国家安全、保障经济社会健康发展、维护公共利益和公民合法权益具有重大意义。

（二）重在"应用新"的融合基础设施

融合基础设施是新型基础设施的重要组成部分，主要是指深度应用互联网、大数据、人工智能等技术，支撑传统基础设施转型升级，进而形成的一类新型基础设施。包括存储、服务器、网络、电源与冷却、安全控制等所有一切功能部件。在融合基础设施内，一切都被虚拟化。这意味着服务器虚拟化、存储虚拟化、网络虚拟化和 I/O 虚拟化同时实现，形成统一资源池，最终融合基础设施通过单一的集成管理接口，按需分配资源。

融合基础设施和信息基础设施是"十四五"新型基础设施建设的两个重点方向，融合基础设施是信息基础设施发展的拓展和延伸，信息基础设施是融合基础设施发展的动力和支撑。两者相互作用、相互促进，需要统筹谋划、协同发展。融合基础设施不仅仅是某一项信息通信技术与传统基础设施的简单叠加，更是围绕行业需求，通过打造高效的云计算能力、构建先进的网络基础、部署泛在的感知终端，加强传统基础设施智能化改造，从而进一步挖掘传统基础设施服务能力，实现服务智慧化和管理网络化，拓展传统基础设施服务空间范围，提高传统基础设施的运行效率、管理效率、服务能力，重构服务供给与公共管理关系。

（三）强调"平台新"的创新基础设施

创新基础设施主要是指支撑科学研究、技术开发、产品研制的具有公益属性的基础设施，包括重大科技基础设施、科教基础设施、产业技术创新基础设施等，是新型基础设施的重要组成部分。创新基础设施较信息基础设施和融合基础设施处于创新链的前端，高效布局创新基础设施，对于提升新型基础设施的供给质量和效率具有重要意义。

当前科学技术前沿向着极宏观、极微观、极复杂的方向发展，国家能源、粮食、产业链供应链还存在安全稳定隐患，人民生命健康还面临重大疫情和疾病威胁，需要重大科技基础设施、科教基础设施等前沿科学技术手段提供支撑。为满足前沿研究和国家经济社会重大战略需求，需要推进国家实验室、综合性国家科学中心等战略科技力量集群化、协同联动式发展，系统提升科学研究基础设施多元化建设、开放式运行能力。

我国从追赶到自主创新转型过程中，受到先发国家技术来源遏制。由于自主开发产业共性技术的外溢性显著、基础研究与产业应用存在巨大鸿沟，市场调节失灵，需要发挥有为政府作用，主动链接前沿研究和产业发展的关键环节，建设一批支持产业共性基础技术开发的新型共性技术平台、中试验证平台、计量检测平台。建设方式上，需要整合国家、区域、行业资源，形成多元化、多层面投入机制，共同构建梯次衔接的产业技术开发设施体系。

随着云计算、大数据、人工智能等新技术不断创新，科学技术研究将持续向精细化、智能化方向演进，"数据密集型"正在成为科学技术研究的典型特征，需要及早布局科学大数据存储处理能力，积累科学数据品牌认知度。面对我国科技学术论文基础数据外流的严峻现实，带来研发工作受制于人、国家战略和科技安全存在隐患等问题，需要打造安全可靠的国家科技文献基础设施，全面提升我国原创科研论文发表平台质量。针对我国生物多样性遭受严重威胁等问题，需要加强基础性、战略性自然科技资源和人类遗传资源的保藏能力。我国野外科学观测研究对保障国家粮食安全、生态安全、资源安全、重大工程安全具有不可替代的作用，但存在重要区域、领域布局缺失，重大科学计划牵引缺乏等问题，亟须加强协同观测研究能力，发挥整体优势和潜力。

创新需要一个完整的生态系统支撑，最重要的任务是促进激发主体各要素之间的互动、协同与演进。如果把创新政策比作阳光、空间比作土壤、资金比作源头活水、环境比作空气、激励比作养分，创新创业服务设施正是创新生态中至关重要的土壤和空气，对通过能量交换和物质流动形成相互作用、彼此影响的整体至关重要，能够有效降低创新创业创造的成本和门槛。因此，需要大力建设完善一批包括众创空间、技术转移中心、科技企业孵化器、知识产权运营服务平台等在内的专业化创新创业服务设施，让创新创业者可以便捷地找信息、找资源、找资金、找设备、找服务，着力营造充满生机活力的创新创业创造氛围。

二、信息基础设施需要解决的问题

1. 新型基础设施的前期建设主要集中在城市地区

长期城乡二元式的经济发展结构加之乡村自身条件的限制，导致乡村地区的信息化水平普遍落后于城市。乡村新型基础设施的规划建设还存在套用城市规划的问题，欠缺顶层设计与统筹协调，不适用于农村实际情况。数字乡村建设亟待"破局"，从而让新基建为乡村振兴提供坚实的信息化保障。

2. 由网络通信基础设施不平衡发展带来的数字鸿沟逐渐形成

第45~47次《中国互联网络发展状况统计报告》显示，城镇地区网民比例与互联网普及率一直领先于乡村地区。近年来，乡村地区的互联网信息基础设施不断升级，互联网普及率也有所提升，但与城镇地区相比仍存在较大差距。

3. 数字乡村新基建存在区域不均衡的问题

我国东部地区的经济表现明显优于中西部地区，数字乡村新基建的完成度也不可避免地存在着"东高西低"的现象，例如江浙沪地区的数字乡村新基建水平明显领先于其他地区。与智慧城市建设进程明显不同的是，由于乡村受到地理位置边缘化的影响，对生产要素的吸引力较低，数字乡村建设的辐射效应和规模效应不明显。

4. 发展乡村数字经济所需的配套基础设施也存在建设短板

智慧农业、农村电商等新兴乡村数字产业的配套新基建存在明显的短板，严重制约了乡村数字经济的发展。当前，我国大多数乡村地区农业信息化基础薄弱，农业数字化服务滞后，现代化物流、智能仓储设施的建设情况无法满足快速发展的乡村电商需求。

5. 乡村信息惠民与数字治理服务的信息化水平有待提高

除了网络之外，大数据中心的缺少，使大量的农村相关信息和数据无序、孤立，有价值的数据无法被妥善应用于乡村治理和惠民服务，进而导致乡村治理低效，公共服务供给不足，数字化政务发展不完善，信息化基础服务设施体系构建困难。

三、信息基础设施带来的改变

1. 改变传统农业生产方式

实现乡村振兴，需要在青壮年人口流失严重的当下保障农业生产。新基建助力的中国数字乡村建设并不是"空中楼阁"，而是扎根于土地，切实服务农业生产。

一方面，以5G、物联网、大数据为代表的信息基础设施正在构建全新的农业管理模式。由物联网监测设备对农业生产相关的农业资源、气象情况、灌溉水质、土壤墒情、各类灾害信息等数据进行动态采集，将数据上传至后台管理云端并实时发送至农民的智能终端，再通过农业大数据分析就可为农业生产管理和决策提供可视化、智慧化的科学方案。基于新基建的农业物联网云平台，真正实现了对农业生产要素的精准监测和精细管理。

另一方面，融合型的智慧农业基础设施可以通过农业生产的标准化和数字化重塑农业生产模式。农业机械通过与5G、机器人等技术进行深度融合与改造，从而将新一代信息化技术综合运用于农、林、牧、渔业和农产品加工等领域；进一步催生的电子农场和智慧农业产业园，通过标准化生产控制管理系统实现饲喂、播种、施肥、灌溉、农药喷洒、作物收割等农业生产关键环节的自动化管控；与此同时，在农业物联网云平台的"加持"下，可以加强对农业数据的分析调控，提高农业生产效率。

2. 提供现代化供应链保障

除了改变传统的农业生产方式，新基建也能为农业产业链后端的产供销一体化全流程提供信息技术保障，使农村以自身特色农业为基础，推进一二三产业的融合发展，补齐产业供应链短板，助力数字乡村的经济腾飞。

工业互联网以DCS、PLC、FCS自动化控制系统以及MES生产过程执行管理系统等为抓手实现生产设备数据采集和对接，提高生产要素资源调配效率，重构产业链，再造生产流程，最终完成产业信息的整合共享，帮助农村强化传统产业根基，为乡村中小企业与工厂的农产品和农副产品加工、生产注入新的活力。

基于对5G、物联网、人工智能小车、大数据的融合应用而构建的WMS智慧仓储管理系统和智慧物流系统，凭借智能化库存管理、自动化车辆调度、运输流程可视化、物流配送视频监控等优势，彻底完善了农产品网络销售的供应链。可以说，从畅通的5G网络发展出的田间地头农村"电商直播"，到"互联网+"助力形成"生产—仓储—运输—销售"任意环节可溯源机制，新基建为"从田头到餐桌"理念的实践和数字乡村产业发展壮大一路保驾护航。

3. 助力乡村治理的数字化转型

在数字乡村建设过程中，乡村治理与公共服务的数字化转型也离不开新基建的助力。考虑到乡村财政的实际情况，如果能由省、市级政府牵头，跨区域统筹布局乡村大数据中心等算力基础设施，挖掘、处理、分析农村生产生活的数据信息，那么就可以打破信息孤岛，实现更加精准高效的数字乡村治理。在大数据中心的支持下，农业农村数据将被多个农业生产、乡村管理、惠农服务系统平台高效利用，生成不同村镇数字乡村建设的多维画像，精准满足乡村治理需要。最新的村务信息、农业政策、热销农产品、农业生产资源变化、出行交通信息、水电缴费情况等信息，都可以从后台调取并通过 APP 及时推送给农村用户，完成政务服务应用向乡镇、村落的下沉，探索出一种现代化乡村治理新模式。

新基建借力"互联网+"，还能实现教育、医疗资源的再分配，在数字乡村建设中有力解决教育和医疗两大问题。完善的农村校园网络基础设施既让"名师课堂"借助线上教学"飞入寻常百姓家"，也让"智慧校园"从城市向乡村逐步延伸。依靠 5G、卫星互联网等通信网络基础设施的建设，农村偏远地区普及"远程医疗""线上问诊"等医疗服务成为可能。

4. 托起绿色乡村梦

"绿水青山就是金山银山。"绘制现代化绿色乡村画卷，提升乡村环境宜居度，绿色环保的农村新基建必不可少。

物联环境监测云平台能够对农村环境的各项指标进行动态监测，实时反馈秸秆焚烧、水源污染等异常情况造成的指标变化，锁定污染源头和日常防控的薄弱之处，有助于建立长期可追踪的乡村生态指标体系。除了积极地防控污染，河道机器人清淤、农村能耗监测、AI 垃圾分类及其他"5G+环保"的应用等，也使新基建在提高农村生态治理效率上大显身手。

四、乡村数字基础设施的未来

为了破解乡村数字基础设施建设存在的各种问题，夯实数字乡村建设的数字底座，未来几年我国将聚焦以下几个方面，积极落实《数字乡村发展行动计划（2022—2025 年）》部署。

1. 有序推进农村地区的"双千兆"建设

《数字乡村发展行动计划（2022-2025 年）》提出"逐步推动 5G 和千兆光纤网络向有条件、有需求的乡村延伸"。农村地区要坚持网络适用原则，不能一味追求高速率、高带宽，应从农业农村产业的实际业务需求出发建设网络基础设施。目前除了无人农场等试验性场景外，真正需要低时延、高带宽的情况还不多，大部分农业生产场景需要的是物美价廉的通信网络。因此，应倡导在不同的地区综合采用有线、无线、卫星等多种接入方式，优先解决偏远地区和自然村的网络覆盖问题。

2. 加强农村网络基础设施的共建共享

农村地区网络建设成本高、业务量小、维护难度大。要深化行业内通信网络基础设施的集约建设，持续开展铁塔、杆路、管道及配套设施的共建共享，有效降低电信运营企业的网络建设成本和运营压力。扩大共建共享范围，推动路灯杆、公共监控杆、电力塔等社会公共资源的开放共享，提升跨行业共建共享水平，充分保障农村通信站址资源需求，保障农村通信网络的持续服务能力。

3. 加大农村信息服务站点和资源整合力度

要有序推进农村各类信息服务站点的整合共建，推广"多站合一、一站多用"模式，让老百姓享受到"只进一扇门，办成所有事"的服务体验。要全面梳理当前农村地区各类站点资源的站址、人员、系统、功能的现状，分析站点资源的使用情况，以农村居民获取服务便捷、高效为出发点，对各类信息服务站的站址、人员、系统、功能进行统筹整合，对于一些长期处于闲置状态的站点进行整合撤并。另一方面，要打通已有分散建设的涉农信息系统和服务平台，让涉农数据能够统一归集、全面整合、相互印证、深度应用，推动数据资源共享开放，充分释放数据红利。

4. "急用先行"实施传统基础设施数字化改造升级

农村地区的传统基础设施改造宜采用循序渐进方式，前期应把重点放在公路、物流、水利等基础设施的数字化改造升级上，为智慧农村公路、电子商务和智慧环保等应用场景打好数字化基础。传统基础设施的数字化改造升级还需要注意集约建设，加强数据资源的互通共享，提高资源配置效率，避免重复建设和形成新的数据孤岛。

5. 保障数字基础设施安全可靠

将安全发展贯穿于乡村数字基础设施建设全过程，防范和化解潜在风险，确保基础设施安全稳定运行。加强农村偏远基站、光纤网络线路的巡检维护，保证网络可用性，在发生自然灾害和公共卫生事件时要确保网络畅通。强化数字基础设施的安保工作，打击盗窃破坏电信和广播电视设施的违法行为。落实好网络基础设施的安全保护制度和网络安全等级保护制度，确保网络安全。

【典型案例】

乡村信息基础设施建设案例——临汾市隰县
一、基本情况

隰县属山西省临汾市辖县，全县农用地总面积 153.23 万亩，其中耕地和园区地分别为 30.87 万亩和 25.998 万亩，全县产业布局以玉露香梨为主导，拥有 50 个县级示范园和 2 万亩密植园，有 285 家商贸类企业，80% 农业收入来自梨果业，80% 梨果通过电商销售，形成了"一县一业"的整体布局。全县玉露香梨种植面积达到 23 万亩，规模和产量均居全国第一。隰县被认定为"第三批中国特色农产品优势区"，玉露香梨被认定为中国"果业最受欢迎的梨区域公用品牌 10 强""最有价值的 20 大水果区域公用品牌"，荣登中国农业品牌目录，品牌价值评估为 87.43 亿元。

隰县作为首批国家数字乡村试点，响应中央号召，建设数字乡村平台，为玉露香梨特色产业发展进行数字赋能，以发展智慧农业带动乡村产业数字化转型，持续全面推进乡村振兴。

二、主要做法

隰县数字乡村平台，聚焦玉露香梨特色产业发展，通过产业大数据平台、农产品质量追溯系统、农产品大棚销售系统、隰游记等四大特色产业应用建设，推动隰县一、二、三产业深度融合，带动全县数字经济发展。隰县数字乡村平台系统架构如图所示。

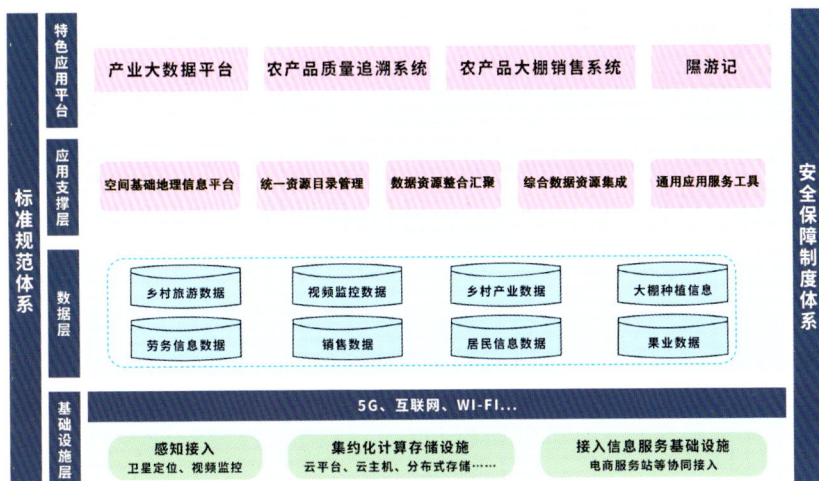

（一）乡村产业大数据平台

建立乡村产业大数据平台，涵盖隰县各乡镇村域重点产业的相关数据，包括：第一产业信息（土地持有信息、土地性质、养殖规模、种植规模等果业、农业、畜牧业信息），第二产业信息（工厂信息、农副产品加工厂等制造业信息），第三产业信息（餐饮、零售、农家乐、住宿等服务产业信息），将所有数据进行数据治理、质量管控，最终汇集为产业大数据平台，构建形成数字评估、数字评价、数字决策、数字指导、智能控制的数字赋能新机制。

隰县产业大数据平台，建设产业基础数据库、农业产业数据库、工业产业数据库、产业供应数据库、电子商务数据库、产业管理数据库等六大数据库，共计含二十个数据目录、七十余项数据项，完成产业信息采集和信息整理数据数千万条，为隰县的产业生产、产品品质品控、产业防控推广、市场营销开拓、产业供应、电子商务综合带动、产业管理等各方面的能力提供评估、评价、决策等数据支撑。

（二）农产品质量追溯系统

汇集隰县全县农副产品生产信息、农户信息、生长环境、生产周期、物流信息、销售信息等数据信息，建设全县域统一的农产品质量追溯系统。构建"来源可查、去向可追、责任可究"的农产品质量追溯体系，实现产品溯源、质量监管、公众查询等功能，促进全县农副产品统一品质、统一标准、统一防控。统一隰县质量追溯二维码，严格准入准出，完善防伪追溯标识申请与发放管理机制，做到品牌标识数量可控，严格品牌管理，推行"一品一码"，实现放心消费。

在农产品质量追溯二维码应用上设置质量评价功能，购买者通过扫描二维码查询农产品追溯信息的同时，可对产品进行评价，填写产品建议。系统后台将接收到的评价信息进行汇总和统计，并对信息进行分析和可视化展示，有利于管理部门针对农户开展农产品质量培训、对农产品质量开展专项整治，将隰县的每一个农产品都做到尽善尽美，极大地提升隰县特色农产品的质量口碑。以"玉露香梨"为品牌导向，促成隰县产业品牌自主化，衍生更多当地品牌，带来更多商务合作。

（三）农产品大棚销售系统

推广建设"AI识别电子秤＋无人采摘售卖＋信息智能监管"

的新型经营模式，创新采摘园、大棚销售新模式，完成售卖信息线上监管上报。落地隰县5个示范行政村，配置10台AI电子识别秤，建设大棚新型经营模式。基于大数据识别技术，建设农产品销售管理系统，利用新型AI智能识别电子秤，自动识别商品信息，游客自助结算，实现无人采摘售卖模式；同时实时传输销售数据，系统自动统计人流、物流、资金流，实现大棚信息实时智能监管，提高大棚销量，增加农民收入。

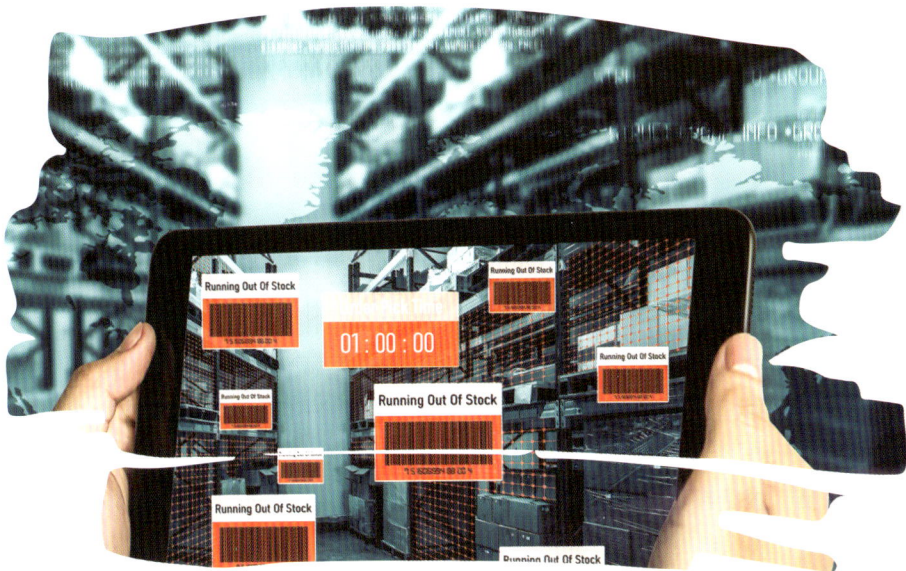

（四）"隰游记"乡村旅游小程序

汇集县域所有景点、农家乐、采摘园、路线导航等资源信息，打造"隰游记"乡村旅游小程序，有针对性地推广宣传隰县七个乡镇的特色旅游景点。打造自驾游出行模式，为每位旅客合理规划时间、路线，推荐最佳自驾游路线，在游途中不仅可以观赏美丽风景、体验特色农情，还可以品尝当地美食。大力发展隰县乡村旅游业，实现乡村旅游数字化、产业化，为当地带来更多的绿色收入。

"隰游记"乡村旅游小程序，为部分村镇增加农业认养模块，开创"线上认养+私人定制+精准服务+全程可视"的农业发展新模式。消费者可全程参与果树管理、果品改良，并为自己所认养的果树悬挂专属铭牌，利用监控实现对所认养果树的全程可视化，并实时查看自己果树的生长情况，秋收季节所认养果树的果实归消费者所有。会员可通过附加服务完成个性化包装定制，显示出专属感和独特性。

基于"隰游记"平台，定制"农旅产品"模块。上架特色草编产品等商品，游客以"线上购买＋线下邮寄"的方式买卖当地特色产品，形成"农旅结合＋线上预订＋线下邮寄"的特色产品销售模式。游客可通过手机选择喜爱的商品款式，确定金额和预售时间后，完成线上预订。订单由后台派送至农户，农户制作对应产品，完成后邮寄给客户。同时针对部分特色草编工艺品可以提供线下体验活动，游客可提前通过"隰游记"APP，预约线下草编活动，管理员在后台看到记录后，协调安排场所和工艺师，并发送预约成功的消息通知，通知游客在规定时间内到达体验场所，进行线下草编体验活动。依托"线上预约＋线下体验"的模式，增加游客对工艺品的喜爱，拓宽当地工艺品的销售渠道，扩大工艺品销量，增加农民收入。

三、主要成效

（一）全产业链数字驱动，推进产业管理增效

平台汇集全县7个乡镇的人口、农田、梨果种植、种植农户、大棚种植、梨果业、大棚、特色农产品产值等数据，全面建成集农产品种植、市场监测、产品加工、产品销售等于一体的特色农业全产业链监测"一张图"。截至目前，平台已汇聚梨果业、大棚种植业、电商销售业、重点区域监控等百余项数据，提供产业实时监控、趋势发展、空间位置、预警预测等分析应用，辅助农业产业种产销一体化决策分析。

特色农业全产业链监测"一张图"及农产品大棚销售系统，为梨果产业、大棚产业的生产、销售、管理等提供评估、决策等数据支撑，提升农业生产经营和管理服务数字化水平，推动隰县从"中国玉露香梨第一县"到国家"数字农业先进县"。

（二）三类产业协同发展，带动农民增收致富

依托玉露香梨特色农业种植延伸产业链条，发展第二、三产

业，定制"隰游记"平台，打造"旅游＋农旅产品＋农业观光认养"一体化产业推广模式，扩大了农副产品的销售渠道，增加了旅游业收入。

　　为乡村传统单一产业注入活水源头，实现农业、农村、农民价值的再创造。通过"隰之游"带动隰县乡村旅游业发展，帮助农民以新业态方式把农作物认养出去，把特色手工农产品变成文化品牌。

第二节　乡村数字经济

【导语】

　　一根网线连起城乡。

　　网上购物，"有啥买啥"变成"啥好买啥"，坐在家里"逛"全国。

　　线上销售，"山货土产"变成"热门爆款"，农产品从田间"飞"上餐桌。

　　一声声卖力吆喝、一次次点击下单、一单单物流速递……

　　乡村数字经济正在为脱贫攻坚、乡村振兴注入巨大活力，让更多百姓搭上"数字快车"，摆脱贫困，步入小康。

口袋卡

一组数字，带你看看中国数字经济有多牛！

2022年，我国数字经济规模达 **50.2** 万亿元，总量稳居世界第二，同比名义增长 **10.3%**，占国内生产总值比重提升至 **41.5%**。电子商务平台技术服务收入 **11044** 亿元，同比增长 **18.5%**。全国网上零售额达 **13.79** 万亿元，同比增长 **4%**。其中，实物商品网上零售额达 **11.96** 万亿元，同比增长 **6.2%**，占社会消费品零售总额的比重达 **27.2%**，创历史新高。线上办公、在线旅行预订、互联网医疗用户规模分别达 **5.4** 亿人、**4.2** 亿人、**3.6** 亿人，增长率分别达到 **15.1%**、**6.5%**、**21.7%**。

一、乡村数字经济发展环境

乡村数字经济是指在乡村地区开展的数字经济活动，包括电子商务、远程教育、远程医疗、智慧农业、数字娱乐等。

于乡村而言，数字经济是一种"外来"产物，其通过数字技术和手段为乡村解决旧难题的同时，也赋予了发展新动能，促进了农业生产组织方式的升级和农村社会治理结构的重塑。

二、乡村数字经济新模式

现代信息技术推动农村经济提质增效，激发乡村旅游、休闲农业、民宿经济等乡村新业态蓬勃兴起，农村电商继续保持乡村数字经济"领头羊"地位，农村数字普惠金融服务可得性、便利性不断提升。

（一）农村电商

近年来，电商行业一直是互联网经济的焦点之一，这种新兴的网购与方式逐渐进入大众视野，让更多的乡镇及农村消费者不出门也能买到来自全国各地的商品，农村电商是指利用因特网、计算机等现代信息技术，为从事涉农领域的生产经营主体提供在网上完成产品或服务的销售、购买和电子支付等业务交易的过程。这种新的电子模式能推动农业的生产和销售，提高农产品的知名度和竞争力，是新农村建设的催化剂。

1. 农村电商的概念

农村电商一般是指涉农领域的生产经营主体利用互联网（包括移动互联网）在网上完成产品或服务的销售、购买和电子支付等业务交易的过程，涵盖对接电商平台、建立电商基础设施、进行电商知识培训、搭建电商服务体系、出台电商支撑政策等。

农村电商在消费领域发挥着越来越重要的作用。通过网络平台嫁接各种服务于农村的资源，拓展农村信息服务业务、服务领域，使之兼而成为遍布县、镇、村的"三农"信息服务站。作为农村电子商务平台的实体终端直接扎根于农村服务于"三农"，真正使"三农"服务落地，使农民成为平台的最大受益者。

随着互联网技术的飞速发展，电商行业开始向服务型转变。越来越多的电商企业服务水平逐年提升，并开始重视消费者的需求。随着农村居民收入水平的提升，市场需求也在发生变化，人民对美好生活不再局限于物质上的需求，更希望在精神层面上获得满足感和幸福感。农村地区自然条件优越，农产品质量优良，市场需求旺盛，再加上农村市场本身已经形成一定的规模，具有较强的流通能力及信息获取能力等重要特征，电商企业逐步布局农村市场，开始重视农村市场的开拓。

目前，农村电商已经形成了农产品电商、农资电商、综合平台电商、网络品牌电商、生鲜电商、信息服务类电商、农业众筹类以及支撑链的产业布局，农村电商继续保持乡村数字经济"领头羊"地位，在更好保障农产品有效供给等方面发挥了不可替代的重要作用。"互联网＋"农产品出村进城工程、"数商兴农"工程深入实施，首届"大国农匠"全国农民技能大赛（农村电商人才类）顺利举办，中国农民丰收节金秋消费季、"数商兴农"专场促销活动等扎实推进，有力促进了产销对接和农村电商发展。2022年全国农村网络零售额达 2.17 万亿元，比上年增长 3.6%。农村电商公共服务基础设施建设不断加强，截至 2022 年 7 月，电子商务进农村综合示范项目累计支持 1489 个县，支持建设县级电子商务公共服务中心和物流配送中心超 2600 个。快递服务不断向乡村基层延伸，"快递进村"比例超过 80%，2021 年农村地区收投快递包裹总量达 370 亿件。截至 2021 年底，36.3% 的市级以上重点农业龙头企业通过电商开展销售，利用电商销售的农产品加工企业营业收入比上年增长 10.8%。电子商务助力脱贫地区农产品销售，为防止规模性返贫发挥着重要作用。截至 2022 年底，"832 平台"入驻脱贫地区供应商超 2 万家，2022 年交易额超过 136.5 亿元，同比增长 20%。

口袋卡

电子商务的前世

俗话说，只有传统的技术，没有传统的业态，不断创新会激发新业态、新渠道的产生。按照杰弗里·摩尔定律，当前我国电子商务进入电子商务的发展时期，还未进入繁荣时期，离电子商务的衰退时期相距甚远。新技术产品的周期可分为早期接纳者期、中断期、保龄球道期、旋风期、主街区、衰退期等，各个不同的阶段对应的用户也不同，他们从技术的狂热者到梦想者，到实用主义者，到保守者，最后到怀疑者。互联网自 2000 至 2002 年遭遇"寒冬期"，是技术产品生命周期的"中断期"。

中国电子商务自 1993 年引入概念，1998 年第一笔电子交易，至今已到"而立之年"。中国电子商务经历了其生命周期的几个阶段，如电子商务的引入期、中断期、成长期、发展期。目前正处于发展期，还未进入繁荣时期，远远没到衰退时期。

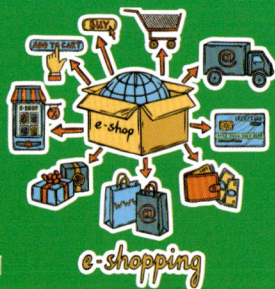

2. 农村电商政策

近年来，中国农村电商行业受到各级政府的高度重视和国家产业政策的重点支持。国家陆续出台了多项政策，鼓励农村电商行业发展与创新，《关于开展 2022 年农业现代化示范区创建工作的通知》《2022 年数字乡村发展工作要点》《关于加强县域商业体系建设促进农村消费的意见》等产业政策为农村电商行业的发展提供了明确、广阔的市场前景，为企业提供了良好的生产经营环境，2017 年 8 月国家发改委、农业部出台《关于加快发展农业生产性服务业的指导意见》，提出积极发展农产品电子商务，鼓励网上购销对接等多种交易方式，促进农产品流通线上线下有机结合。2019

年6月国务院出台《关于促进乡村产业振兴的指导意见》，提出深入推进"互联网+"现代农业，实施"互联网+"农产品出村进城工程。推动农村电子商务公共服务中心和快运物流圈区发展。2020年7月农业农村部出台《全国乡村产业发展规划（2020—2025年）》，提出培育农村电子商务主体。扩大农村电子商务应用。改善农村电子商务环境。2022年4月农业农村部、财政部、国家发改委出台《关于开展2022年农业现代化示范区创建工作的通知》，围绕拓展农业多种功能、挖掘乡村多元价值，重点发展农产品加工、乡村休闲旅游、农村电商等产业。

农村电商行业相关政策

时间	部门	政策	相关内容
2017年3月	商务部、农发行	《关于开展2017年电子商务进农村综合示范工作的通知》	支持农产品电商平台和乡村电商服务站点建设，深入实施电子商务进农村综合示范工程
2017年8月	发改委、农业部	《关于加快发展农业生产性服务业的指导意见》	积极发展农产品电子商务，鼓励网上购销对接等多种交易方式，促进农产品流通线上线下有机结合
2018年5月	财政部、商务部	《关于开展2018年电子商务进农村综合示范工作的通知》	深入建设和完善农村电子商务公共服务体系，加强电商培训，带动贫困人口稳定脱贫，推动农村电子商务成为农业农村现代化的新动能、新引擎
2019年1月	中共中央、国务院	《关于坚持农业农村优先发展做好"三农"工作的若干意见》	实施"互联网+"农产品出村进城工程。全面推进信息进村入户，依托"互联网+"推动公共商务向农村延伸
2019年6月	国务院	《关于促进乡村产业振兴的指导意见》	深入推进"互联网+"现代农业，实施"互联网+"农产品出村进城工程。推动农村电子商务公共服务中心和快运物流圈区发展
2020年7月	农业农村部	《全国乡村产业发展规划（2020-2025年）》	培育农村电子商务主体，扩大农村电子商务应用，改善农村电子商务环境
2021年6月	商务部第十七部门	《关于加强县域商业体系建设促进农村消费的意见》	加快建立农村电商人才培养载体和师资、标准、认证体系，培育农村新型商业带头人
2022年4月	农业农村部、财政部、发改委	《关于开展2022年农业现代化示范区创建工作的通知》	聚焦农业多种功能和乡村多元价值，做优乡村特色产业。围绕拓展农业多种功能、挖掘乡村多元价值，重点发展农产品加工、乡村休闲旅游、农村电商等产业

3. 农村电商模式

农村电商作为"互联网+"战略的重要实现形式，农村电商旨在通过网络平台嫁接各种信息资源，拓展农村信息服务业务和领域，发展农村经济，帮助农民创业致富。

1）产业链生态经济模式

"产业链生态经济模式"又称为"跨域整合某一品类生态经济模式"，是以某一品类的产品为切入点，所有与该产品有关的县（区）共同参与，制定产品分类标准、建立溯源体系（农产品类）和服务标准（服务业），按统一的标准进行产品加工，统一进行品牌宣传，打通该产品产前、产中、

产后全产业链（生产／种植、加工、质检、追溯、仓储、物流、销售、售后等）

2）一县一品生态经济模式

"一县一品生态经济模式"就是以某一品类农村特色产品或品牌为起点，以县区企业、政府、社会组织、区域带头人为宣传载体，多维度、系统化地通过在线上线下塑造本地化地域品牌，即风采一品、领先一品、创新一品、榜样一品，通过一县一品为切入点，树立农村品牌，发展农村电商经济新模式，从而通过"一县一品生态经济"农村电商模式推动当地经济发展，将当地的特色产品通过电子商务推向全国乃至全球。

3）集散地生态经济模式

"集散地生态经济模式"就是利用区位和交通便利的优势发展物流产业，通过物流发货的高性价比，吸引大批有实力的企业聚集于此发展电商产业从而形成"集散地模式"，带动当地电商及区域经济的快速发展。该模式的主要特征有：独特的区位优势、发达的仓储物流、完善的电商体系、较强的整合当地资源的能力。

4）农产品直播电商

此类"新电商"目前发展火热，全国遍地开花，且方兴未艾。作为新技术应用和新电商业态，在不同的直播电商平台上，无论是网红、官员、MCN机构、还是草根的直播带货，在实践中均已涌现出大量成功案例，其中的一些知名度非常之高。但是，这些知名案例目前似乎还只是更多停留于案例层面，尚待超越现象的理论提炼、模式提升。

【典型案例】

案例1　重庆：国家电子商务示范基地激活"沉睡"农产品资源

重庆市秀山土家族苗族自治县位于武陵山区中心腹地，属于原武陵山国家集中连片特困地区，又是少数民族聚居区、革命老区。受内陆空间限制和交通落后的制约，当地的辣椒、蜂蜜、茶叶等农特产品"沉睡"在大山中。近年来，秀山大力发展农村电商，把这些大山中的"沉睡资源"逐渐唤醒，并且变成了村民的"增收法宝"。秀山大力发展农村电商，依托的是秀山（武陵）现代物流园区，这是重庆市率先挂牌的地区级物流枢纽、市级重点物流园，2020 年被商务部评定为"国家电子商务示范基地"。目前，园区形成了现代物流、批发贸易、农村电商等多产业融合发展态势，基本建成武陵山区商贸物流集散中心。为满足电商销售需求，秀山推动了电商农产品基地化与农产品基地的电商化，前者指电商销售的农产品要通过标准基地进行生产，后者指基地生产的农产品要通过电商来销售，形成完善、标准的农村电商产业链条。秀山县计划"十四五"期间争取农产品电商化超过 35%。

（信息来源：乡村振兴看重庆：农村电商让"沉睡资源"变成村民的"增收法宝"，央广网，2021 年 5 月 4 日）

案例 2　辽宁：电子商务助力精准扶贫

辽宁省多地以政府为主导，对农村电子商务进行了探索，特别是探索了针对贫困县的电商服务体系。目前，辽宁全省共建设县级电商服务中心 41 个、电商仓储物流中心 128 个、村级服务站超过 2 万家。其中 15 个重点贫困县建设县级电商服务中心 15 个、电商仓储物流中心 40 个、村级服务站点 3887 个。在农特产品网上销售方面，辽宁省开展了"农特产品网上行"活动，围绕全省贫困县和贫困户较多地区的特色产业和主导产品，组织在第三方电子商务平台上推广销售。如丹东东港市通过与京东公司开展合作，提升了东港草莓的市场美誉度；朝阳市探索了"电子商务＋企业＋贫困户"的发展模式，为贫困户提供了从技能培训到电商平台产品销售的全链条支持。此外，一些地区还结合当代互联网营销传播特色，运用直播和社交电商平台挖掘贫困地区农产品故事、培养"网红"为贫困地区代言，正在成为助推贫困农户增收的新业态、新模式。如锦州市依托"快手"直播，打开了义县聚粮屯镇花生及花生深加工产品的线上销售渠道，提升了产品知名度。据统计，2018 年辽宁全省农村网络交易额为 395.1 亿元，同比增长 37.9%；农产品网络零售额 119.9 亿元，同比增长 23%。截至 2019 年，全省累计开展农村电商培训超过 20 万人次，带动就业近 15 万人，电商精准扶贫帮扶人数超过 5 万人。

（信息来源：电商扶贫助五万农民奔富路，人民网，2019年10月21日）

4. 农村电商发展特点

1）农村电商政策红利持续释放

2014—2022年，中央一号文件连续九年对农村电商作出部署。2021年中央一号文件提出，"加快完善县乡村三级农村物流体系，改造提升农村寄递物流基础设施，深入推进电子商务进农村和农产品出村进城，推动城乡生产与消费有效对接"。2022年中央一号文件再次强调，要"重点发展农产品加工、乡村休闲旅游、农村电商等产业"。2021年6月1日，《中华人民共和国乡村振兴促进法》正式施行，明确提出"支持电子商务发展"；8月，《国务院办公厅关于加快农村寄递物流体系建设的意见》出台，提出"2022年6月底前在全国建设100个农村电商快递协同发展示范区，带动提升寄递物流对农村电商的定制化服务能力"；10月，《"十四五"电子商务发展规划》提出到2025年农村电商交易额将达2.8万亿元。2022年2月，《"十四五"全国农业农村信息化发展规划》提出到2025年农产品网络零售额超过8000亿元。

为贯彻落实党中央、国务院的决策部署，各部委也相继出台一系列政策文件，持续加大对农村电商的支持和引导。2021年1月，《商务部办公厅关于加快数字商务建设服务构建新发展格局的通知》出台，提出开展"数商兴农行动"，对农村电商工作全面升级；4月，农业农村部等十部门发布《关于推动脱贫地区特色产业可持续发展的指导意见》，提出"深入发展农村电子商务，加强电商主体培育和电商人才培训，提升特色产业电子商务支撑服务水平"；5月，农业农村部发布《关于加快农业全产业链培育发展的指导意见》，提出"加强农村电商主体培训培育""实施'互联网+'农产品出村进城工程""发展直播带货、直供直销等新业态"；5月，财政部、商务部、国家乡村振兴局发布《关于开展2021年电子商务进农村综合示范工作的通知》，继续"扩大电子商务进农村覆盖面"；7月，人民银行等六部门发布《关于金融支持巩固拓展脱贫攻坚成果全面推进乡村振兴的意见》，提出"完善针对农村电商的融资、结算等金融服务"；11月，农业农村部印发《关于拓展农业多种功能促进乡村产业高质量发展的指导意见》，提出"做活做新农村电商"。2022年4月，中央网信办、农业农村部、国家乡村振兴局等五部门印发《2022年数字乡村发展工作要点》，提出"深入实施青年农村电商培育工程"；2022年4月，农业农村部等三部门印发《关于开展 2022 年农业现代化示范区创建工作的通知》提出，"重点发展农产品加工、乡村休闲旅游、农村电商等产业""推进电子商务进乡村，促进农副产品直播带货等新业态健康发展"。

总体上，"十三五"时期，我国农村电商政策保持较好的连续性和稳定性，围绕农产品生产供给、产销对接、电商脱贫、物流仓储设施以及金融服务等方面的农村电商政策扶持体系初步形成。2021 年，从电子商务纳入《中华人民共和国乡村振兴促进法》到多个"十四五"专项规划中明确提出与农村电商相关的发展目标，再到各部门持续推进的专项措施，农村电商将在乡村振兴中发挥更大作用。进入新发展阶段，农村电商政策将以全面促进乡村振兴、推进农业农村高质量发展、促进城乡融合、激活农村消费等为导向，在产业转型、设施建设、技术应用、要素保障等薄弱性、关键性、先导性环节精准发力，以连续性和精准性促进农村电商与乡村振兴有机融合，农村电商政策红利将持续释放。

2）农村电商赋能农业提质增效稳步提升

随着数字技术与农村电商的融合不断深化，电子商务向农业生产端渗透进一步加深，订单农业、产地直供等模式进一步发展，电子商务在提升农产品产销对接水平、增强供需精准匹配能力、利用大数据赋能农业生产、倒逼农业转型升级等方面的作用进一步凸显。

农村电商成为助力数字农业创新发展的重要抓手。农村电商积累的数字化产销渠道、数据资源要素和数字技术应用场景等资源，正在成为促进数字农业发展的重要基石。一些县域借助农村电商探索传统农业转型之路，将农村电商融入智慧农业综合信息系统建设，联合农村电商企业建设完善智慧农业大脑、农业大数据中心，以订单农业为基础，以农产品数字化供应链建设优化为重点，推动农业生产流程管控信息化、标准化、精细化发展，加速大数据、物联网、区块链、人工智能等数字技术在农业领域落地应用，带动传统农业全产业链实现数字化转型，促进数字农业发展步伐明显加快。如，广东湛江市徐闻县联合一亩田持续构建徐闻菠萝大数据中心，建立以种植面积、产量、产地价格等多个数据指标为主的大数据系统，作为研判菠萝行情的重要依据，让菠萝产地和国内大市场可以更加快速、高效地链接，进一步促进了徐闻菠萝降本增效，帮助其价格从 2018 年 0.40 元 / 千克升至 2021 年最高达到 4 元 / 千克，实现 3 年 10 倍的增长。海南海口市秀英区永兴镇、上海浦东新区航头镇等地引入盒马村，依托盒马的数字化供应链，以产供销一体的模式，聚合当地不少农业企业、农民合作社等分散小农户，积极打造产业化联合体，通过输出新标准、新技术、新模式实现订单生产，在销售端可以直联盒马鲜生的线上线下渠道，推动形成更加直接、稳定的销售网络。截至 2022 年 9 月，盒马在全国共建 190 个盒马村，遍布 20 个省份。江苏徐州市丰县、四川眉山市东坡区等地与京东合作建设京东农场，依托基于电子商务的智能供应链服务体系，不断赋能农产品产地数字化发展，通过数字化生产基地建设，导入智能化管理系统，深入种植前端开展生产标准化和规范化管理，逐步搭建基于区块链技术的全程可视化溯源体系，再结合"京品源"自有品牌，完善产销全流程服务体系，有效地促进传统农业在品牌、产品、渠道、营销等方面的数字化转型。截至 2022 年 2 月，京东已在全国对接超过 1000 个农特产地及产业带，直联超过 500 个大型优质蔬菜基地，共建 70 多个现代化、标准化、智能化农场，有力助推农业产业数智化升级。

电子商务分等分级标准促进农产品优质优价。农村电商企业、政府、协会、研究机构等发挥协同效应，聚焦农产品源头分等分级标准，通过标准促进了农产品种植培育模式升级，使农产品品质、农产品商品化能力得以提升，在实现农产品优质优价的同时，还进一步促进了农产品网络销售市场更加规范。2021 年 3 月，盒马联合上游种植基地、第三方专业认证机构，推出了《贵妃芒树上熟——认证技术规范》，帮助树上熟贵妃芒的田头价格比普通青果高出 30%~50%。2021 年 9 月，拼多多联合江苏淡水水产研究所发布"长三角河蟹分等分级标准"，根据河蟹的重量、外观、肌肉饱满度、滋气味等划分出特级、一级、二级、三级 4 个品质等级，按级定价，同时，围绕大闸蟹的检测方法、质量评定方法、包装运输和贮藏等方面也确定了新型的商品标准，既让消费者享受到明确可靠的农产品品质保障，又帮助农民获得了更多的收益。此外，随着预制菜产业的火爆，预制菜电商标准也陆续出台。2022 年 4 月，盒马与湖北的洪湖、潜江等地的多家工厂合作，制定了一套盒马预制虾标准，该标准对预制小龙虾的 15 个环节进行了规定，涉及 34 项参数。2022 年 6 月，京东超市、中国预制菜产业联盟联合发布并实施《佛跳墙预制菜产品标准规范》，该标准对食品添加剂、重金属、卫生、理化、微生物等涉及健康、安全等 5 大类指标做出了严格规范，促进了佛跳墙预制菜行业的标准化和规范化发展。

农村电商促进农业品牌化发展全面提速。农村电商的深入发展，以及农村电商服务体系的持续完善，为进一步促进农业品牌建设带来前所未有的机遇。县域依托农村电商营销"新基建"，积累消费大数据资源和品牌数字化能力，提高农产品生产与消费供需匹配度，借助品控、标准、供应链升级、创新包装设计等方式，提升农产品品质和附加值，采用节庆活动、促销活动、品牌推介会等手段开展集中推广，持续释放电商平台带货功能，再利用数字技术，线上线下指导品牌运营，完善溯源体系，加强品牌知识产权保护，从产到销全链路为品牌培育提供支撑，促进农业品牌孵化不断提速，借助农村电商，大量农业品牌迅速崛起，实现了弯道超车。2021 年 10 月，山西、陕西、山东、甘肃、四川、新疆六大苹果产地联合拼多多，开启为期半个月的苹果"双 11"，有效帮助各产地精准对接用户，带动了苹果产业带品牌化快速发展，培育出多家年销超过 1 亿元的本土苹果企业品牌。京东通过聚合体系化的品牌营销优势，助力地方优质农产品品牌打造，先后推动福建宁德大黄鱼、贵州修文猕猴桃、新疆伽师西梅、新疆库尔勒香梨、宁夏盐池滩羊等地方特色农产品品牌走向全国，其中，宁德大黄鱼、盐池滩羊在入驻京东后，市场份额分别提升了 500%、200%；同时京东还联合百余家品牌商家、35 家权威检测机构成立"京东品质联盟"，以农产品质量的提升来带动农业综合效益的提升。2021 年，浙江宁波市象山县政府与阿里数字乡村合作打造"象山柑橘""象山红美人"区域公用品牌，并通过"专业合作社 + 农户"利益链接机制的供货方式在盒马线上线下渠道进行营销推广，将"象山柑橘""象山红美人"商标备案到阿里巴巴知识产权保护平台进行品牌保护，依托阿里健康"码上放心"追溯平台为每一盒"象山红美人"配备"身份 ID"，帮助柑橘实现平均售价为 50 元 / 千克，高端红美人售价可达 120 元 / 千克以上，促进品牌农产品优质优价，带动更多农户增收。2021 年全国农民丰收节活动期间，阿里巴巴平台上超 6000 件新农品上新，助力近 500 个新农品牌上行，较去年活动同比增加 13%。阿里巴巴还积极参与农业农村部指导开展的"脱贫地区农业品牌公益帮扶行动"，重点聚焦典型脱贫县的"一对一"帮扶，为脱贫地区农业品牌创建及数字农业产业链发展提供支撑。可见，随着农村电商数字化迭代升级，以及专业化服务能力不断提升，农村电商赋能农业品牌的着力点，正在由最初的农业品牌网络销售向农业品牌生产管理、品牌运营方向转变，电子商务倒逼农业提质升级作用越发强劲。

地理标志农产品电商走向专业化、精细化。随着农产品地理标志保护工程持续推进，以及地理标志农产品消费兴起，地标农产品电商不断发展，地标农产品电商的运营更加专业化、精细化。一方面，政府、企业、协会共同关注地标农产品电商，合力打造基于农村电商的地标农产品专业化、稳定性上行通路，助力地标农产品销售，促进农耕文化传播，提升地标农产品影响力。2021 年 9 月 17 日，农业农村部、宁夏回族自治区、拼多多共同启幕"2021 地标农品中国行"活动，助力全国各地地标农产品通过电商上行。2021 年 11 月，陕西、山东、甘肃等全国 21 个省（自治区、直辖市）地标协会与京东生鲜达成合作，在各地开设"国家地理标志产品馆"，着力打造地标农产品在线销售和文化传播主渠道，进一步促进宁夏盐池滩羊、阳澄湖大闸蟹、大连海参、洛川苹果等 1032 个地标生鲜产品的品牌化、规模化发展；同月，京东"中国特产——中华地标助农馆"正式上线运营，积极打造以地理标志产品为服务对象的专业营销平台，首批入驻产品 1500 余种。另一方面，依托电商化、数字化等手段，面向地标农产品的产品资源挖掘、精品农货开发、品牌培育、品牌运营和保护等相关配套服务逐步专业化、精细化。2021 年，拼多多成立地理标志农产品数据库，并根据地标农产品的特质开发筛选模型，建立图像和文字识别系统，助力地标农产品培育和推广。截至 2021 年 12 月 1 日，在拼多多平台上，盐源苹果、会理石榴、赣南脐橙、武鸣沃柑、固城湖大闸蟹等地标农产品订单量实现 180%~200% 不同幅度的同比增长。湖南株洲市炎陵县政府相关部门、炎陵县电商协会与阿里巴巴合作，依托阿里巴巴知识产权保护平台，为"炎陵黄桃"等地标农产品搭建便捷高效的维权投诉通道，以知识产权保护不断促进网销地标农产品质量效率提升；《2021 阿里巴巴知识产权保护年度报告》显示，截至 2021 年底，阿里巴巴已累计保护 79 个地理标志证明商标。

3）农村电商新业态新模式释放强大活力

2021 年，在数字技术驱动下，电商交易覆盖的内容更加多元，场景愈加丰富，直播电商、内容电商、社区团购等新业态、新模式不断创新发展。同时，不少地区联合电商平台积极探索以农带旅、以旅促农的电商发展新模式，推进农村电商与乡村旅游融合发展。

县域直播和短视频电商发展势头良好。2021 年，县域直播和短视频电商发展持续火热，手机加速成为新农具，直播加速成为新农活，农民加速成为新网红。县域直播市场规模不断扩大。欧特欧监测数据显示，2021 年全国县域直播电商网络零售额达 10 388.5 亿元，占全国县域网络零售额的23.7%；县域网络直播店铺数量为 4.6 万个，主播数量为 4.9 万人，全年累计直播场次为 539.0 万次，累计观看人次为 660.6 亿次。2021 年抖音上粉丝量过万的"三农"创作者已超 4 万，其中，TOP20 的乡村博主有一半都开通了直播带货功能。在快手平台上，平均每 2.2 秒就有一场"三农"直播，直播日均观看时长超过 300 小时。直播和短视频电商本地化趋势明显。随着新业态快速发展，地方政府、电商企业等多方力量加大对农村直播电商培训的投入支持力度，江苏小苹果、杏奶奶、忘忧云庭、侗家七仙女等一批本土乡村网红达人逐渐走向全国，各地农产品直播营销中对知名网红、明星和地方官员的依赖越来越少。直播和短视频电商正在成为乡村文化和生活理念输出的重要平台。目前，本土乡村网红达人、优质的"三农"创作者以及地方政府部门通过直播间和短视频分享乡村美食、美景和日常生活，除了带动乡村土特产品的对外销售之外，还全方位展现了乡村的田园生活方式、原生态生活场景、风土人情、风俗文化以及新农村面貌，引导城市居民消费理念和消费行为的转变，吸引城市居民在乡村消费、生活、兴业，带动城市人才向乡村地区流动转移以及农村在外务工经商人才回流，促进新的"上山下乡"运动，短视频和直播电商正在升级或重构农村电商线上消费场景、农村电商产业形态以及新型城乡关系，为推动乡村振兴的深层次变革带来广阔空间。

内容电商新模式兴起。2021 年，以兴趣电商、信任电商为代表的内容电商创新模式不断涌现，成为备受关注的新模式。一方面，兴趣电商拓宽农货出村进城新路径。2021 年 4 月 8 日，在抖音电商的首届生态大会上，抖音提出"兴趣电商"的概念。"兴趣电商"是一种基于人们对美好生活的向往，满足用户潜在购物兴趣，提升消费者生活品质的电商。依托兴趣电商，很多新农人将短视频创作和直播带货的场地搬到了田间地头、果园、茶园、养鸡场、鱼塘、养蜂场、灶台边，以真实的农货种植、采收、加工环境为场景，吸引到感兴趣的人关注，激发其潜在的对农产品的购买兴趣，从而提高电商转化率和用户黏度。在贵州黔南布依族苗族自治州长顺县，当地农家电商 @苗家圆圆通过视频全方位展示散养鸡的生活环境，并在选品上精益求精，累计售出了纯粮食土鸡蛋 67 万件 2000 余万枚，曾因交通闭塞而销售受阻的优质绿壳鸡蛋，位列抖音电商鸡蛋品类复购前茅；通过抖音电商，24岁辞职回家种地的贵州铜仁市德江县新农人王进红在抖音账号 @ 古村乐乐里，将自己从田间采摘到为全家做出一桌精美的菜拍成了短视频，借以推广家乡的特产美食，不到一年的时间里共售出了 5 万多单，单次直播销量最高达到 5000 单，由她拍摄的田间地头吸引了不少游客，焕河村成了贵州最有名的"网红村"。另一方面，信任电商以"熟人关系 + 服务生态"发展信任经济。快手电商通过直播带货和平台服务在短时间内建立起主播与粉丝、商家与消费者之间的信任机制，以强信任链降低消费的决策门槛。2021 年，超过 5.58 亿个农产品订单经由快手电商从农村发往全国各地，农产品销售额和订单量和去年同期相比，分别增长了 76.3% 和 88.4%。总体上，在传统"货架电商"的搜索逻辑之下，非标准化的、缺乏品牌力的农产品竞争力较弱，但短视频、直播平台探索打造"信任电商""兴趣电商"，通过"短视频 + 直播"的组合方式推广和销售产品，依托真实、丰富、多元、互动、沉浸式的场景内容激发消费兴趣，依靠创作者持续的内容产出与用户建立强信任关系，可以大大增加购买转化率，为乡村好货的电商销售带来新的机会。

社区团购不断释放供应链提质效能。从行业无序竞争到政府严厉监管，在历经多轮处罚整改后，2021 年社区团购市场逐渐回归理性，社区团购在重塑农业供应链价值链上的作用也逐渐释放。一方面，促进"以销定采"模式创新。一些农业经营主体通过与社区团购平台合作，按照平台预先提供的订单信息及时调控农产品采摘、加工和配送等操作环节，通过"以销定采"实现产地端的农鲜"即时"，有效化解了农产品库存过剩、损耗率高等问题，带动农产品供应链模式创新和数字化升级。比如，作为全国重要的芹菜种植地，山东德州市禹城市的农户通过淘菜菜提供的具有较强确定性的订单，不仅让新鲜芹菜有了更加稳定的销路，还通过"晨采模式"，从源头上将农产品的保鲜操作做了最大化的前置处理，让芹菜可以在从地里采摘后的 24 小时内直达居民餐桌，在新模式的带动下，曾经损耗率高达 16% 的芹菜，损耗率得以降低，客诉率也降到了 3% 以下。2021 年 3 月，禹城芹菜基地的订单迎来暴涨，当地收割芹菜的日收入，从过去的 100 元 / 天涨到 280 元 / 天。另一方面，催生县域生鲜消费新热点。我国县域商品流通体系发展缓慢，县域供给能力不足，特别是乡村百姓在生鲜商品的消费方面长期受限。社区团购利用预售模式聚合订单，实现规模化、高效率供需匹配，再叠加日益完善的县乡村三级物流配送网络，低成本带动生鲜触达下沉市场，让来自全国各地的各类新鲜水果、海产品走上乡村百姓餐桌，有效地弥补了县乡市场的生鲜供给缺口，满足了乡村居民生鲜消费的新需求，催生了县域消费新热点。美团优选数据显示，2021年9月，来自全国23个省（自治区、直辖市），超过900个县城的消费者，通过美团优选消费掉50万只大闸蟹，其中有52个县城属于国家乡村振兴重点帮扶县，大闸蟹以"次日达"的速度被送到天山脚下、青藏高原、东北三省的广大县城与乡村；生蚝、明虾、鱿鱼须等水产品9月份县城订单量环比增长近20%，增速超过一线、新一线城市。

乡村旅游电商协同效应逐步显现。在国内新冠疫情防控常态化的背景下，乡村旅游最先复苏。一些地方抢抓机遇，利用网络直播、在线旅游、在线外卖、微信小程序等多元化的电商渠道，在线整合本地特色农货、文化旅游、餐饮住宿等资源，打造地方特色乡村文旅超级IP，借助网络直播、短视频等快速营销推广，浙江丽水市松阳县、河南洛阳市栾川县、江西上饶市铅山县葛仙村等网红县(村)的知名度大幅提升，带动了休闲农业和乡村旅游快速发展，实现了农商文旅产业融合和产业增收的综合效应。如，2021年11月17日，山东临沂市沂南县与快手农文旅共同打造"恒兴计划·沂南有礼"项目，对沂南风景和农产品进行重点推介。当日短视频挑战赛"没有鸡能走出沂南"其累计作品数超过6300个、播放量突破12.9亿；直播PK赛"沂南有礼"总观看人数超过700万，订单金额突破300万。山西临汾市永和县与抖音合作推广乡村旅游品牌，自2018年8月，抖音发起"永和乾坤湾 玩转好心情"抖音短视频挑战赛，截至2021年5月，"永和乾坤湾 玩转好心情"话题在抖音相关视频播放量已超过6.7亿次，曾带动国庆期间游客同比增长近两倍，帮助大量农民和农家乐实现增收。

4）电商企业助力乡村振兴向纵深推进

电子商务企业助力乡村振兴全面铺开，阿里、京东、拼多多、抖音、快手、美团、携程、一亩田等大型电商企业加速对乡村振兴领域的布局和投入力度，在大力促进乡村产业发展、推动农业生产数字化升级、有力支撑乡村人才振兴三大领域主动作为，成为推动乡村振兴的重要力量。

在大力促进乡村产业发展方面，各大电商企业推出一系列项目工程举措，加大流量倾斜、资金补贴、资源助推、运营培训，全面赋能乡村产业升级。如阿里巴巴推出"热土计划2022"，计划帮助1000个生鲜企业品牌提升数字化水平，打造20个美丽乡村区域公用品牌，打造60款一县一品精品农货，全年提供4.2亿的流量支持乡村品牌发展，打造10个乡村旅游标杆县；京东旗下的京喜农场在种养端推出"强村计划"，作为京东"奔富计划"的重要一环，将通过农资降本、农业服务两大举措，助力农户降本增效，促进农业种养产业快速发展，计划三年覆盖超 10 000 个村，赋能超 1000 万名新农人；2021 年 8 月，拼多多启动"百亿农研专项"计划，助力农业科技发展进步和乡村振兴，随后将其二季度和三季度利润全部投入该项目中；抖音电商借助"山货上头条""富域丰收季"等项目，在农产品原产地进行上万场直播，向消费者深入展示各地源头好物的生产、运输过程，助销千款区域特色农货，带动农民增收致富；2021 年 3 月，携程启动"乡村旅游振兴"战略，以公益性质投入 10 个携程度假农庄样板，依托各地农旅文资源，助推当地乡村振兴产业链的提升。与此同时，各大电商平台以产地供应链为重点，加快与产业振兴配套的基础设施建设，着力拓宽乡村产业发展的上下行通路。如菜鸟持续在县域农村地区推广共同配送模式，截至 2021 年 11 月 30 日，菜鸟已在全国建设 1000 个县级共同配送中心，在 3 万多个乡镇、村庄建设了快递服务站，建设了 8 个农产品上行产地仓；京东不断提升县乡村三级物流触达能力和服务时效，截至 2021 年底，京东物流在全国运营仓储数量达 1300 个，自 2019 年推出"千县万镇 24 小时达"以来，服务触达约 60 万个行政村，在全国 93% 的区县、84% 的乡镇实现当日达和次日达；美团开始着手建立从源头直达社区的全国性冷链物流，加快生鲜水产直采基地布局，推进有氧运输体系建设等。

在推动农业生产数字化升级方面，各大电商企业加快技术创新，推动数字技术在农业领域广泛应用和场景拓展，为农业数字化升级注入新动力。在区块链技术应用领域，阿里推出了"蚂蚁链"、京东推出了"智臻链"、腾讯推出"安心平台"，通过区块链溯源技术为农产品"出村进城"定制专属的身份证，将其生产、制作、流通的全过程，通过多维的视角和技术展示给消费者，提高了消费者对农产品的信任度。在人工智能应用领域，拼多多深入前端农业技术研发，联合国内产学研机构主办"首届中国农业机器人创新大赛"，积极开展垄作草莓收获机器人、水下围网巡检机器人、畜禽舍防疫消毒机器等农业机器人的前沿探索，增加农业的科技含量。在大数据技术应用领域，一亩田建立"天机"农业大数据系统，自 2018 年推出以来，已成功应用在徐闻菠萝、延安苹果、茂名荔枝等多个农产品主产区，逐步成为促进多个地区农业市场化、数字化的助推器。在 5G 技术应用领域，2021 年 8 月，盒马联合中国移动在奉节县开拓数字农业发展新模式，打造根据线上线下订单开展数字化种植的"5G 盒马乡"，运用 5G 技术实现基地数字化、可视化监管，让农业生产全程可控，有效提升农业产业链市场竞争力。

在有力支撑乡村人才振兴方面，农业农村部信息中心连续五年承办实施中央组织部、农业农村部农村实用人才带头人培训项目，以培养农村电商带头人为重点，着力提高农民的电子商务应用技能和经营能力，培训电商骨干人才2500多人，已覆盖全国所有省份，为乡村人才振兴提供有力支撑。电商企业通过开展助农培训、设立培训基地、云课堂等举措，推动了农村地区实用型电商人才培养，提高了农村电商从业人员专业技能。为了激发乡村发展活力，各电商企业将人才振兴的重点投向了"农村电商致富带头人"，如快手先后发起了乡村振兴官、幸福乡村带头人、福苗计划等项目；美团于2021年9月升级"乡村振兴电商带头人培训计划"，宣布未来三年至少免费培训10万致富带头人，电商企业借助自身的用户、流量、技术、资金、渠道等优势为新农人的成长赋能，从运营培训、流量扶持、资源对接、变现指导等方面，大力扶持带头人的可持续发展，吸引、带动更多的年轻人返乡创业，为解决农村劳动力的流失问题提供新的路径。与此同时，电商企业还向乡村输送优秀人才，如阿里推出"乡村振兴特派员"、美团组建"乡村振兴电商带头人培训计划"专家后援顾问团，通过电子商务人才下乡，推动更多的专业人才服务乡村，将农村电商运营经验、数字化思维方式、数字技术解决方案真正下沉到农村地区，让乡村共享更多的数字发展红利，让乡村振兴的内生动力更强劲。

5）新农人电子商务创业就业持续升温

随着各县域内的农村电商不断迭代升级，直播带货、社区团购等新业态快速发展，农村电商对乡村产业链改造日益深化，行业的就业吸纳力不断增强。

农村电商创业就业门路日益拓宽。农村电商新业态新模式创造和催生了农村电商网店店主、直播营销员、乡村团长、网商经纪人、农村电商服务站站长、物流配送员、外卖骑手、网络客服等大量新的创业就业岗位，拓宽了农村的就业创业门路，吸纳越来越多的农民群众以及返乡入乡青年、农民工从事农村电商行业。2021年，全国淘宝村、淘宝镇电商从业人员达360万人，人均年销售收入超过36万元。淘宝直播平台数据显示，截至2021年9月7日，淘宝直播平台累计已有11万农民主播，遍布全国31个省（自治区、直辖市），2000多个县域，共计拉动了20万人就业致富。美团2021年上半年财报显示，已助力数十万村民成为团长，带动他们就业增收。95后成为农村电商创业致富带头人中的重要力量。拼多多发布的《2021新新农人成长报告》显示，截至2021年10月，平台"新新农人"（95后涉农商家）数量已超过 12.6 万人，在涉农商家中的占比超过 13%，其数量在两年内增长了近 10 万人，呈现爆发式增长态势，每位"新新农人"平均带动 5~10 位 95 后参与到电商创业中，并平均带动当地就业岗位超过 50 个，95 后逐渐成长为农村电商创业带头人中的重要力量。与父辈相比，"新农人"具备互联网思维，善于运用电商新业态以及数字化工具，懂得对农产品进行商品化处理，懂得把村民组织起来抱团取暖、合力创业，他们擅于经营、注重管理，返乡创业更是抱着对家乡热土的强烈赤子情怀，为农村电商可持续发展奠定扎实基础。新农人的到来，将新思维、新理念、新技术引入到农村经济发展中，在一定程度上打破了原有的农业农村生产环境和格局，在创造新的就业机会和空间的同时，重新塑造了农业原本的形象以及在产业链条中的位置，将为现代农业发展增加新的活力，为乡村建设带来新的面貌。

5. 农村电商的未来

1）农村电商将由消费电商转向产业电商

数字经济时代，随着农业农村数字化升级进一步提速，我国农村电商将由消费电商向产业电商延展，加速向供给侧纵深渗透。电子商务与农业的融合将从初期的销售端网络化，逐渐向生产端的数字化、智能化迈进，从农产品网络销售，到订单农业、以销定产、精品网红农货开发、区域品牌新农品、农食新消费品牌、预制菜，电子商务将进一步推动农业全产业链上下游衔接，促进农产品产销精准匹配。农业农村数字化升级不断提速，将加速信任电商、消费电商向产业电商延伸，助推农业供给侧结构性改革。小程序电商、社区团购蓬勃发展，将与县域超市、便利店、夫妻店、连锁店等线下实体商业广泛融合，撬动县域餐饮、外卖、旅游、娱乐等多个农民生活服务场景，促进县域消费提质扩容。随着兴趣电商、信任电商、社交电商等内容电商的兴起，以农村直播电商、乡村短视频、乡村网红达人分享等电商应用为先导，还将大大推动乡村旅游的发展，加速乡村一二三产业融合的进程。未来，伴随着县域的全面互联网化和产业数字化升级需求，在数字经济与实体经济融合发展的新阶段，围绕农业供给侧数字化、乡村产业链改造、数字生活服务场景创新、农村新基建等方面还将产生大量的农村电商服务需求，农村电商在服务带动县域农业农村经济高质量发展、促进城乡共同富裕方面将发挥更重要的作用。

2）农村电商助力农业品牌化发展迎来新机遇

近年来，我国深入实施质量兴农、品牌强农战略。2018 年，农业农村部印发《关于加快推进品牌强农的意见》;2019年，农业农村部建立中国农业品牌目录制度;2021年，农业农村部印发《农业生产"三品一标"提升行动实施方案》，启动实施农业生产"三品一标"(品种培优、品质提升、品牌打造和标准化生产)提升行动，2022年，农业农村部实施农业品牌精品培育计划，为全面推进乡村振兴、加快农业农村现代化发展提供支撑。农业农村部数据显示，2022年省级重点培育的区域公用品牌数量达到3000多个，一批优秀企业品牌和产品品牌脱颖而出，脱贫地区品牌农产品平均溢价超过20%。农产品区域公用品牌正在成为高品质农产品的代表，占比连年提升，成交单价不断上涨，农业品牌建设驶入"快车道"。同时，阿里巴巴、京东、拼多多、抖音等各大电商平台也将农业品牌作为投入重点，推出一批扶持项目，集中开放运营、推广、物流、供应链等资源，涉及农业品牌认证、品牌营销、品牌服务、品牌消费、品牌保护等领域，全面赋能农业品牌化发展。随着农产品上行规模化带来的竞争加剧，国家品牌强农战略的推进，以及国内新型消费、品质消费的崛起，再加上电商平台和品牌公共服务能力的不断提升，多重因素叠加将推动农业品牌化发展大幅提速，农村电商将凭借数字化优势为农业品牌发展带来新的机遇。

3）农村消费潜力将为农村电商发展提供广阔空间

我国农村居民人均可支配收入及消费逐年增加，农村市场潜力巨大，是扩大内需的重要增长点。2021年6月，商务部、中央农办、农业农村部、乡村振兴局等17部门联合印发《关于加强县域商业体系建设促进农村消费的意见》，促进流通畅通和农民收入、农村消费双提升。未来，我国将以县域为单元统筹农村商业发展，农村电商将在县域商业体系中发挥重要作用。伴随着农村居民在疫情影响下的在线消费习惯进一步巩固，以及日益完善的农村物流配送体系，农村电商将立足农民消费升级需求，将更丰富、优质、多样的商品带到农村地区，有效弥补农村零售网点不足的短板，增加农民的消费选择，增强消费意愿，弥合城乡消费鸿沟。随着电商供应链下沉，将在农村地区引入竞争机制，倒逼实体店转型升级，推动城乡商品质量和服务标准统一，大幅提高农村地区商品和服务质量，促进农村消费环境改善。以直播电商、兴趣电商、信任电商、社区团购、生鲜电商、外卖餐饮为代表的新业态新模式，还将拉动如热带水果、水产品、周边游、在线休闲娱乐等领域的新消费需求，壮大新型消费，为农村消费市场带来新的增量。与此同时，依托日益高效稳定的农产品产销对接机制，以及不断完善的农村电商公共服务体系和基础设施，农村电商服务农产品上行的能力将不断增强，进而促进农民增收，提高农民消费能力。

4）规范发展推动农村电商提质升级

近年来，农村电商在快速发展的同时，也出现了一系列不规范问题，如电商平台"店大欺客""低价倾销"，严重损害农民利益；网销农产品存在假冒伪劣、以次充好、缺斤少两等侵害消费者权益；直播带货营销人员抹黑乡村，利用乡情乡景卖惨、博同情牟利等乱象频发；夸大宣传、售卖劣质农资产品等坑农害农行为影响恶劣，这些都给农村电商的可持续发展带来了挑战。2021年以来，政府全面加强电子商务监管，《关于平台经济领域的反垄断指南》《网络交易监督管理办法》《网络直播营销管理办法(试行)》等一系列法规文件先后出台，2022年中央一号文件更是首次提出"促进农副产品直播带货规范健康发展"，国家针对直播电商乱象、电商平台垄断、社区团购不正当竞争等领域开展了一系列专项治理，持续加大打击惩治力度，进一步促进了农村电商市场秩序和营商环境优化提升。未来，随着电子商务监管全面趋严，农村电商过去混乱、无序的局面将加速扭转，合规化成为未来竞争的关键，农村电商经营者尤其是小微个体和农户，亟须提高合规经营意识，加大合规经营投入，走好健康、可持续的发展之路。

（二）乡村新业态

1. 乡村新业态的概念

乡村新业态是指随着现代农业发展和农村一二三产业融合发展，基于信息技术形成的新型产业组织形态，主要包括乡村智慧旅游、创意农业、观光农业、认养农业等形式。2021年3月，《中华人民共和国国民经济和社会发展第十四个五年规划和2035年远景目标纲要》提出，"加快推进数字乡村建设""丰富乡村经济业态"，为新时期乡村新业态新模式发展指明了方向。

2. 乡村新业态的意义

新业态新模式是改变农业生产方式、加快农业转型升级的现实路径。当前，新一轮科技革命和产业变革加速演进，数字经济已成为引领全球经济社会变革、推动我国经济高质量发展的重要引擎。乡村新业态新模式的发展，深刻改变了农业生产方式，加快农业生产、加工、销售、物流等产业链各环节数字化、智能化升级，手机成为新农具，直播成为新农活，数据成为新农资，推动传统农业加快向现代农业转型升级。

数字经济新业态新模式是助力农村全面进步、推进农村现代化的重要举措。我国数字乡村发展势头良好，农村信息基础设施不断完善，农村电商可持续机制逐步成熟，农村面貌发生巨大变化。乡村新业态新模式的发展，有利于畅通城乡要素双向流动，促进知识和信息在农村和偏远地区传播，带动优质农资和消费品下乡，激发农村巨大市场潜力，提升农村基本公共服务水平，整体带动农村现代化发展。

新业态新模式是促进农民收入增长、助推农民共同富裕的有力保障。2020 年 4 月，习近平总书记在陕西省柞水县小岭镇金米村考察调研时强调，电商作为新兴业态，既可以推销农副产品、帮助群众脱贫致富，又可以推动乡村振兴，是大有可为的。乡村新业态新模式的发展，为农民增收创造了新的机会和空间，拓宽了农村商品与服务的展示和销售渠道，促进农民就地就近就业，带动农民增收致富，使广大农民享受到数字经济发展带来的红利，共享社会主义现代化建设的成果。

3. 乡村新业态的模式

1）垂直农业：未来食物生产的新趋势

垂直农业是一种利用室内垂直空间进行食物种植的生产模式。与传统农业不同，垂直农业不仅可以最大化利用种植空间，而且可以减少用水量、减少土地资源的消耗，从而生产出更多的食物。在垂直农业中，种植的蔬菜或粮食不是生长在土壤之中，而是通过水培法或气培法生长在循环水或含有养分、水分和氧气的细雾之中。这种方式不仅可以减少用水量，而且可以大幅缩短生长周期。

垂直农业有着很多传统农业所没有的优势。首先，由于垂直农业是在室内进行的，它可以避免受到气候和季节变化的影响，可以实现全年无休的种植。其次，垂直农业可以最大化利用种植空间，使每平方米的土地都可以得到充分的利用。相比传统农业，垂直农业可以在同样的土地面积上种植更多的作物，从而提高食物产量。此外，垂直农业还可以大幅缩短生长周期。以叶菜类蔬菜为例，传统生产方式需要 30~45 天，而垂直农业从种植到收获，只需要 15 天左右。这意味着可以更快地生产出更多的食物，从而满足人口的需求。

垂直农业已经被广泛应用于城市农业、屋顶花园、垂直农场等领域。在一些发达国家，垂直农业已经成为一种重要的食物生产方式，可以为城市居民提供新鲜的蔬菜和水果。在中国，垂直农业也正在逐渐受到关注。一些企业已经开始尝试在城市中心建设垂直农场，利用室内空间进行食物生产，缓解城市食品供应压力。未来，垂直农业有望成为一种新型的食物生产模式，为全球人口的需求提供更多的食物。

2）认养农业：城市与农民的共赢模式

近年来，随着人们消费观念的改变和对食品安全、环保等问题的关注，认养农业成为了一种备受欢迎的农事增值发展模式。通过消费者预付生产费用，生产者为消费者提供绿色有机食品的方式，认养农业在农村振兴、农产品销售等方面发挥了重要作用。

以往，农产品的流通常通过合作社、经纪人等中间环节实现，这些环节增加了农产品的成本，也使得消费者难以获得真正的绿色有机食品。而认养农业通过建立消费者和生产者之间的合同关系，打通了农产品流通的中间环节，消费者可以直接得到从农田到餐桌的绿色有机食品，同时生产者也能够更好地销售自己的农产品，减少滞销的风险。此外，认养农业还有一个重要的卖点，那就是将农业与其他产业进行深度融合。通过整合包装自己的特色农产品、旅游景点、风情民宿等，认养农业可以为消费者提供更个性化的选择，让消费者不仅满足口腹之欲，还能够享受到丰富的旅游、休闲、文化等体验。这不仅能够提高农产品的附加值，也能够为农村带来更多的经济效益。

随着人们对食品安全、健康饮食等问题的关注度不断提高，认养农业将成为未来农业发展的重要方向。认养农业不仅能够提高农产品的附加值，还能够促进乡村旅游、文化交流等方面的发展，为农村带来更多的经济效益。

3）生物农业：给农业带来新生命

生物农业是指利用生物技术和生产工艺，运用各种生物资源栽培不同的农作物。生物农业的范围非常广泛，包括种植业、林业、微生物发酵工程产业、畜牧业等生产项目。它利用微生物、植物、动物等生物资源，通过生物育种、生物农药、生物肥料、生物饲料、生物疫苗和制剂等领域的应用来提高农作物的产量和质量。

随着现代生物技术的不断推广和应用，生物农业正逐渐进入大规模产业化的起始阶段。与传统的农业模式相比，生物农业在提高农作物产量、改善农作物品质、保护环境等方面具有明显的优势。生物育种技术可以通过基因编辑等手段，提高农作物的抗病性、抗逆性等特性；生物农药可以有效地保护农作物，同时对环境无污染；生物肥料可以提高土壤质量，使农作物能够更好地吸收养分，从而提高产量和品质；生物饲料可以提高畜牧业的生产效率，同时降低了饲料成本；生物制剂可以有效地控制农作物病虫害，保障农作物的安全和品质。同时，生物农业也能够为人类提供更加健康、安全、实惠的食品，提高人们的生活质量。

4）康养农业：农业与健康、养老的融合

康养农业是一种新型的农业模式，它融合了传统农业的一产和三产，旨在将农民、农村和农业围绕健康价值升级出新的业态。

康养农业的兴起，与当下大健康趋势不可分割。随着我国城市化进程的加快，人民生活水平的提高，中国的人口老龄化正在加速到来。我国的人口赡养比已经达到了 5 ：1，这意味着中国的养老压力陡然增长了一倍。预计到退休年龄，中国 65 岁以上老年人占比将超过 20%，80 岁以上高龄老人每年的增速是 5%。面对如此庞大的老龄社会压力，康养农业成为了一个新的解决方案。康养农业在农业用地、扩大规模、运营成本、改建成本、人力成本等各个方面都具有优势。加之国家对农村基建的投入、对农村的各种政策优惠，农村发展康养农业的条件反而更为成熟。康养农业完全有潜力成为一个万亿规模的大产业。

康养农业不仅仅是单纯的一种农业模式，更是一种新型的养生方式。康养农业的崛起，不仅为人们提供了健康、美味、安全的农产品，也为农民带来了新的收入来源，促进了农村经济的发展。康养农业的发展，既是现代城市化进程的需要，也是传统农业的改革升级。

5）AI 农业：增效降本迎接未来挑战

AI、机器学习和物联网传感器等技术，可以为农业提供实时数据，从而提高农作物产量、减少成本。这些数据可以在过去的数据基础上进行分析，预测未来的产量和价格，并制定合理的定价策略。AI 可以根据农作物的单产率确定总产量，从而帮助农民和农业企业制定更好的农作物定价策略。

AI 还可以帮助农民和农业企业预测天气和气候变化，从而更好地管理农作物的生长和收获。AI 可以通过传感器监测土壤和气候等参数，提供准确的数据，帮助农民和农业企业更好地管理作物。

预计到 2050 年，全球人口将增加到 90 亿，粮食需求也将不断增加。AI 技术将成为新的技术核心，为农业生产提供更好的解决方案。随着 AI 和物联网技术的不断发展，农业生产将变得更加智能化和高效化。

6）阳台农业：都市型现代农业新形态

阳台农业是指在阳台空间上进行农业生产活动。从技术角度说，阳台农业所涉技术更趋高新性，栽培模式更趋无土性，生产的产品趋观赏性与自给性。

目前，阳台农业还处于初期推广阶段，但随着城市居民对阳台农业的认可和支持，越来越多的人开始尝试在阳台上种植蔬菜、水果等农作物，甚至开始涉足鱼、虾等水产养殖领域。未来，阳台农业将逐渐形成产业，并且将与传统农业、现代农业相互融合，共同构建城乡一体化的生态农业体系。

7）植物工厂：现代设施农业的高级阶段

植物工厂是一种高投入、高技术、精装备的生产体系，集生物技术、工程技术和系统管理于一体，是现代设施农业发展的高级阶段。它将农业生产从自然生态束缚中脱离出来，按计划周年性进行植物产品生产的工厂化农业系统。目前，植物工厂主要用于试验示范，但是从奥地利、丹麦、美国、日本等国家的发展情况看，工厂化农业潜力大，前景好。

植物工厂是工厂化农业的高级阶段，尚处于萌芽期，但是从奥地利、丹麦、美国、日本等国家的发展情况看，工厂化农业潜力大，前景好。未来，植物工厂将变得更加智能化，可以通过人工智能和大数据等技术实现更加精准的环境控制和生产管理，从而提高生产效率和质量。同时，植物工厂也将成为城市绿化的重要方式之一，为城市带来更多的绿色空间和生态效益。

【典型案例】

案例1 北京平谷：搭建"平谷一键智慧游"

近年来，北京平谷区针对自身文旅资源，与科技企业合作，搭建了"平谷一键智慧游""平谷必游榜"等平台，打造"吃住行游购娱"于一体的数字化解决方案。目前，金海湖、丫髻山等重点景区的测试版已上线。以金海湖为例，金海湖环湖景点非常分散，以往景点和服务信息只能通过线下发手册或者通过媒体呈现部分内容，"平谷一键智慧游"平台第一次把金海湖景点串联起来在线上呈现，景点、美食、停车场、酒店甚至是洗手间、售票处一目了然，相当于给景区建立了官方认证的数字发布平台，随着季节更替还能为游客提供不同线路参考。另外，"平谷必游榜"还收录了部分金海湖的金牌、银牌、精品民宿。再如，2022年的平谷第二十四届国际桃花节以线上方式开展，在优酷、淘宝开展了一场持续168小时的云直播，让平谷桃花以云上形式绽放在全国网友眼前，同时，飞猪以及淘宝平台还开设了"平谷桃花节"专属会场，上线了丰富的旅游线路及农特产品。这些数字化平台提升了游客的旅游体验，也可以带来更多旅游经济效益。

案例 2 贵州安顺：黄果树建设智慧景区改善游客体验

随着互联网、大数据、人工智能等新技术在旅游领域的应用，以数字化、网络化、智能化为特征的智慧旅游成为旅游业高质量发展新动能。"十四五"规划和 2035 年远景目标纲要也提出，要"深入发展大众旅游、智慧旅游""强化智慧景区建设"。

贵州安顺黄果树景区通过开展智慧景区建设使游客的购票和入园体验大大改善，实现了从"接待 1 万人次游客都要排长队"到"接待 3 万人次游客不用排队"的转变。黄果树景区所采用的数字技术包括：采用分时预约、刷脸识别的方式，买票无需排长队，使景区交通顺畅有序；对景区人员进行实时显示、智能调度，每一个工作人员都可以通过 APP 实现和指挥中心的实时视频连线，以便出现紧急情况时上报信息、及时反应；以及生产智慧产品、多元服务，使旅游体验更加丰富。

4. 乡村新业态发展成效

随着光纤和 4G 网络在行政村的全覆盖，互联网技术和信息化手段助力乡村旅游、休闲农业、民宿经济加快发展。截至 2022 年 9 月，农业农村部通过官方网站发布推介乡村休闲旅游精品景点线路 70 余次，覆盖全国 31 个省（区、市）148 个县（市、区）的 211 条乡村休闲旅游线路；利用"想去乡游"小程序推介乡村休闲旅游精品线路 681 条，涵盖 2500 多个精品景点等优质资源。乡村地名信息服务提升行动深入推进，截至 2022 年 8 月，互联网地图新增乡村地名达 414.2 万条，超 200 万个乡村、超 2 亿人受益。返乡入乡创业就业快速增长，2021 年我国返乡入乡创业人员达 1120 万人，较上年增长 10.9%，其中一半以上采用了互联网技术。市场主体数字乡村业务快速拓展，电信运营商、互联网企业、金融机构、农业服务企业等市场主体积极投身乡村数字经济，研发相应的平台、系统、产品，推动智慧种养、信息服务、电子商务等业务在农业农村领域不断拓展。

5. 乡村新业态的未来

"十四五"时期，数字经济在乡村建设中将迎来重大机遇，新业态新模式有望步入发展快车道。从国际看，世界各国竞相制定数字经济发展战略、出台鼓励政策，加快释放数字技术在农业领域的活力，采取各种举措推动农业领域数字化发展，构筑新一轮产业革命新优势。从国内看，我国围绕"数字中国""乡村振兴""数字乡村"等进行战略部署，农村地区成为数字经济发展的新蓝海，农业数字化转型正逢其时，数字技术的普惠效应不断释放，为新业态新模式发展提供了强大动力。《行动计划》的实施将有力推动农村数字经济发展，激发乡村振兴新动能。

（1）坚持融合发展，深化农产品电商发展。我国农村电商进入新的发展阶段，只有加快完善自身，才能在乡村振兴、农业数字化转型等中发挥更大作用。对此，《行动计划》不仅部署深入实施"互联网＋"农产品出村进城、"数商兴农"等工程，推动农产品电商转型升级，还提出了提升农产品品牌任务，包括打造农产品网络品牌、培育"巾帼电商"品牌等。针对农村物流问题，强调要加快完善农村物流体系建设、发展县乡村物流共同配送，进一步夯实农村电商发展基础。针对电商新模式乱象，要求引导电商平台规范有序开拓电商分销渠道。

（2）坚持立农为农，促进农村消费升级。乡村是消费增长"新一极"，但受多重因素影响，农村居民消费热情依然不高，亟须释放农村消费潜力。对此，《行动计划》一方面部署了畅通"工业品下乡"通道、丰富农村信息消费内容等任务，进一步增强农村居民消费产品供给，扩大农村消费市场。另一方面，强调要保护农村居民消费权益，不仅要求严肃查处制假售假、违法生产经营等行为，强化农村信息消费市场监管，而且提出开展消费品质量安全"进社区、进校园、进乡镇"消费者教育活动，提高农村居民消费权益保护意识。

（3）坚持创新驱动，加快培育乡村新业态。乡村新业态是繁荣农村经济、促进农民增收的重要渠道，具有强大的发展潜力，但也存在发展规范性不足等问题。对此，《行动计划》分类施策、多措并举，对不同产业、领域部署了对应的任务举措。围绕乡村旅游发展，提出打造休闲观光园区、乡村民宿、森林人家和康养基地。围绕新业态，鼓励创意农业、认养农业、健康养生等基于互联网的新业态发展。围绕乡村文化产业，提出通过网络传播农村各类非物质文化遗产资源。围绕农村平台经济，引导平台企业将产品和服务下沉到乡村，推动农村平台经济健康有序发展。

（三）农村数字普惠金融

1. 农村数字普惠金融的概念

普惠金融是指立足机会平等要求和商业可持续原则，通过加大政策引导扶持、加强金融体系建设、健全金融基础设施，以可负担的成本为有金融服务需求的社会各阶层和群体提供适当的、有效的金融服务。2022年召开的中央全面深化改革委员会第二十四次会议审议通过了《推进普惠金融高质量发展的实施意见》，其中强调"要加快补齐新型农业经营主体等金融服务短板，有序推进数字普惠金融发展"，就是要求以数字技术赋能农村普惠金融，让金融产品和服务更好地走进农村、服务农民，推动广大农民群众共享发展成果。

无论是在国际上还是在中国国内，普惠金融的概念、理论和实践都经历了一个逐步深化的过程：从最初重点关注银行物理网点和信贷服务的可获得性，到广泛覆盖支付、存款、贷款、保险、信用服务和证券等多种业务领域。在实践层面，中国普惠金融实践已经从最初的公益性小额信贷逐步扩展为支付、信贷等多业务的综合金融服务，并由于网络和移动通信等技术的广泛应用而得到长足发展。当前，中国普惠金融的实践与创新型数字金融显示出很强的关联性，以互联网科技企业提供金融服务为代表的新型数字金融业务，通过信息化技术及产品创新，降低金融服务产品的成本，扩大金融服务的覆盖范围，因此新型数字金融模式已经成为普惠金融的重要原动力和增长点。具体而言，从覆盖的区域来看，由于传统金融业务需要通过设置机构网点来提高覆盖面，但机构网点的高成本导致传统金融业务难以渗透到经济相对落后地区。而数字技术与金融服务的跨界融合克服了这种弊端，一些地区即便没有银行网点、ATM 等硬件设施，客户仍能通过电脑、手机等终端设备获得所需的金融服务。与传统金融机构将主要资源分布于人口、商业集中地区的状况相比，数字金融使得金融服务更直接，客户覆盖面更广泛。从覆盖的社会群体来看，数字金融的产品创新降低了客户准入门槛，使得金融服务平民化趋势更加显现。与传统金融机构的排他性相比，数字金融可以满足那些通常难以享受到金融服务的中小微企业和低收人群的需求，从而体现了普惠金融的应有之义。

农村数字普惠金融主要体现为通过信息化技术以及大数据采集与分析减少农村金融服务中的信息不对称问题，并精准匹配农民和农村新型生产经营主体的资金需求，降低融资门槛，缓解农村融资难、融资贵、融资慢等问题，包括便捷金融服务、涉农信贷服务、新型农业保险等。

2. 农村数字普惠金融的意义

农村数字普惠金融可以更好地支持农

民创新创业。相比传统金融方式，农村数字普惠金融能够实现服务对象的下沉，更好满足乡镇小微企业和个人分散化、小额的资金需求，为农民创新创业提供相对低成本的资金支持。借助互联网、大数据等数字技术，农村数字普惠金融可以突破金融服务的空间限制，为农村居民提供更多信贷便利，使其快速获得融资，同时对农村金融主体进行快速风险评估，为其设计更适合的风险产品，这些都能够显著降低农村居民的融资成本，最终有助于提高农民创新创业的积极性。

农村数字普惠金融能够助推农村产业发展。发展农村数字普惠金融能够充分发挥数字经济的长尾效应，带动农业产业链各个环节的增值。通过开发线上惠农金融产品，采取线上与线下相结合的方式办理贷款，利用多种支付方式，可以为农村产业融合发展提供方便快捷的基础金融服务；通过创新"金融＋龙头企业＋农民专业合作社""金融＋交易市场＋家庭农场"等融资模式，运用数字金融平台对供应链上的农业企业、农户进行"数字授信""数字担保""数字保险"，可以为农业提供足额、便捷、便宜的融资服务，并结合电子商务平台信息优势进一步提高农产品标准化水平，拓展农产品销售市场。

农村数字普惠金融有助于促进农民消费升级。支付、信贷、保险、投资理财等数字普惠金融服务在广大农村地区的广泛应用，促进了线下商务线上化，可以为农民提供与城市居民相似的购物消费体验，进而有效释放农村地区的消费需求。农村数字普惠金融有助于化解农民长期面临的流动性约束，借助线上渠道为居民提供延期支付、小额贷款服务，可以促进农村地区对家用电器、家具、汽车等耐用消费品的消费。根据预防性储蓄理论，当消费者未来收入存在不确定性时，消费者会增加预防性储蓄，减少当期消费。农村数字普惠金融可以为农民提供数字保险、财富管理等金融服务，降低农村居民个人和家庭面临的不确定性，增加财产性收入，有助于提升其消费水平。

农村数字普惠金融有助于改善农村公共服务水平。公共服务具有均衡、普惠的特征，教育、养老、医疗等基本公共服务水平的提升将极大缩小城乡差距，增加农民的获得感。农村数字普惠金融本身就是重要的农村公共服务基础设施，能够为农村居民提供包括支付、信贷、保险、理财等全面的金融服务，弥补传统金融服务城乡供给不平衡的缺口。农村数字普惠金融以"金融＋科技"赋能农村公共服务体系建设，运用互联网平台通过众筹、股权融资等模式推进农村公共服务更加普惠，稳步提高服务和保障水平，形成公共服务优质共享的良好机制，让农民享受到越来越多的便捷公共服务。

加强农村数字普惠金融基础设施建设。虽然目前我国互联网覆盖范围不断扩大，金融产品也不断推陈出新，但广大农村地区的金融服务、电子商务、信用体系建设等仍不够完善，多数农村居民互联网参与度低，数字金融素养不高，不利于银行等金融机构对农民或农村中小微企业进行信用和风险评估并提供匹配的金融服务。为此，首先应提升硬件设施水平，着力提升偏远农村地区网络覆盖率，提高农村家庭通网率和网络使用率，为发展农村数字普惠金融提供坚实的信息基础设施支撑。其次是提升软件能力，强化农村数字普惠金融素养培训教育。依托农商行、信合、数字普惠金融便民服务中心，对广大农民群众开展有针对性的金融教育，普及个人征信、金融工具、金融法律法规等基础金融知识，组织开展电商、数字金融等培训，开发易学好用的应用软件，引导农民提升数字操作能力，增强数字安全意识，增强通过数字金融服务平台获取金融服务的能力。

提供适合农村需求的普惠金融产品和服务。目前，真正符合"三农"需求的金融产品比较稀缺，许多数字普惠金融产品都是从城里直接搬回农村，忽视了农村居民金融可得性差的情况。促进农村数字普惠金融更好地服务于"三农"，一是应支持金融机构为农民创业提供稳定资金流，整合农村居民基本金融数据信息、农村消费金融数据信息，运用大数据精确预测并分析农民的真实金融需求，为其提供创业担保贷款、农业保险基金等专属金融产品，实现"能贷""会贷"。二是有针对性地开发涉农产品和服务，鼓励金融机构针对新型农业经营主体和农户的需求特点，创新专属金融产品，增加首贷、信用贷；创新地方特色农产品保险，扩大农业保险覆盖面。三是推动农村金融产品供给与消费品供给深度融合，为农民提供线上小额消费贷款、电商贷款，激发农民消费潜能，同时加大数字金融、物流、电商平台合作，畅通物流渠道，扩大农产品销售半径。四是不断提高数字普惠金融对农村养老服务、医疗卫生等公共服务项目的金融支持水平。

推动农村数字普惠金融向脱贫地区倾斜，巩固脱贫成果。脱贫地区发展基础相对薄弱，数字普惠金融服务平台应加大对脱贫地区、人群的支持力度，注重增强其内生发展动力。打造线上线下有机融合的服务模式，针对农村偏远地区收入低、受教育程度不高的易返贫群体设计推广更有针对性的普惠金融服务，量身定制与其风险承受意愿和能力相匹配的金融产品，支持脱贫地区、脱贫人口通过线上渠道自主获取金融服务。运用数字手段整合农村土地确权、土地流转、农业补贴、保险、乡村建设项目等涉农数据，优化风险定价和管控模型，提高客户识别和信贷投放能力，减少对抵押担保的依赖。

不断完善农村数字普惠金融发展的生态环境。与城市相比，农村地区的金融需求具有碎片化、小额化、周期长的特征，这对基于数字技术的数字普惠金融监管提出了更高要求。为此，必须加强信用信息共享的顶层设计，统一农村信用数据采集与评价的国家标准，加强金融部门与发改、税务、市场监管等部门的协同作用，深化"银税互动""银商合作""信易贷"等模式。优化数字普惠金融风险分担补偿机制，深化政府性融资担保体系建设，完善绩效评价机制，完善涉农贷款、小微企业贷款风险补偿机制。充分发挥征信系统在农村数字普惠金融中的作用，扩大农村征信系统的覆盖范围，建立守信联合激励和失信联合惩戒机制，为农民提供更好的信用支撑，提升农村整体信用生态环境。

3. 农村数字普惠金融的模式

为加快构建农村数字普惠金融服务体系，笔者结合数字技术在农村领域的应用，围绕农村数字支付、数字农贷、数字农险、数字惠农理财、数字综合服务平台五个方面，从产品服务创新实践出发总结了若干典型模式。

1）农村数字支付的主要模式

农村数字支付涉及的对象主要包括政府部门、涉农企业、农村居民等。根据涉及对象性质的不同，农村数字支付主要包括政府向农民发放涉农补贴的 G2C 支付、农民日常消费的 C2B 支付、农业产业链上下游的 B2B/B2C 支付以及基于乡村综合服务平台（日常缴费）的 C2G 支付等四种模式。具体看，一是涉农补贴的 G2C 支付模式，主要解决涉农补贴长期存在的实名发放难、资金截留挪用等问题，将政府端的涉农补贴资金通过银行的平台直接、精准发放到农民的借记卡中。二是日常消费的 C2B 支付模式，主要是农民通过扫描微信、支付宝或银行在农村商超布放二维码，完成日常消费的移动支付模式。面临的主要困难是农村老年人群体中智能手机普及率还不够高，仍然有一部分老年人习惯现金支付或者使用存折和刷卡，制约了移动支付的推广。三是农业产业链上下游的 B2B/B2C 支付模式，主要是基于农业产业链中的核心企业、农产品收购商、农民合作社、农户之间的资金流转，上下游交易中既有核心企业与农民合作社（B2B），也可能是核心企业与农户或农产品收购商与农户进行交易（B2C）。通过数字化手段，可实现资金更快到账、交易记录更加清晰、减少资金管理成本和手续费等。目前存在的问题主要是有些农业产业链上下游支付仍然以现金为主，移动化、数字化程度还不够高，没有真正嵌入到产业链场景中，且对支付数据价值利用还不到位。四是基于乡村综合服务平台（日常缴费）的 C2G 支付模式，主要是通过商业银行或互联网科技公司的乡村综合服务平台，完成日常缴费的线上支付模式。目前大多数平台尚处于试点阶段，前期投入和中后期运营维护成本较高，能否实现长期可持续运转仍有待检验。

2）数字农贷的主要模式

数字农贷经过多年发展，根据数据来源和利用方式不同，先后形成了许多可复制可推广的模式（黄迈、马九杰，2019）。近年来，经过市场洗礼和检验，主要有特色产业模式和信用村信用户模式值得关注。特色产业模式主要是基于批量获取的农户经营交易数据建立授信模型。这种模式适用范围广，贷款对象集群化（如种植、养殖、加工服务等），是信贷支持当地优势特色产业、扩大业务规模和覆盖面的重要抓手，具有重要推广价值。例如，农业银行福建分行共支持全省10大优势特色农业、82种特色农产品，惠农 e 贷余额达到445.4亿元，覆盖全省所有县域、乡镇和87%的行政村。信用村信用户模式主要是基于进村入户调查建档积累的农户资产、收入等数据建立授信模型。这种模式需要较好的外部信用环境，开展信用村信用户评定以及农户建档等大量基础工作，对商业银行基层服务能力提出了较高要求。例如，浙江农信连续13年持续推进走访建档、信用村创建、整村授信等基础性工作，全面融入乡村治理，累计走访农户近3000万户，评定信用户超1000万户，实现普惠金融建档率达95%。

3）数字农险的主要模式

银保监会专门发文鼓励保险机构探索利用互联网、卫星遥感、远程视频等科技手段，开展线上承保理赔工作，以提高农业保险的数字化、智能化经营水平。保险公司围绕科技赋能农业保险开展了一系列探索。一是基于面部识别技术的养殖业保险模式。利用面部识别技术可以精准识别保险标的，赋予活体牲畜唯一性标签，主要应用于承保和保后监督环节，从而实现动态监控，有效缓解了保险公司承保后养殖户的活体牲畜丢失、冒充索赔、重复索赔等道德风险。二是基于区块链技术的养殖业保险模式。主要应用于"龙头企业＋养殖户"订单养殖模式中，通过区块链系统记录参保农户全流程的牲畜养殖全过程数据，能够有效缓解承保数量确定难、查勘难问题，降低风控成本。三是基于卫星遥感技术的种植业保险模式。利用卫星遥感技术，自动识别农地面积，生成农地相关的各项数据，实现精确承保以及日后的"按图理赔"，解决农地面积难以精准计量和承保的难题。四是农业保险承保电子化模式。主要包括实现投保信息采集、投保告知及确认、承保公示、保单签发、保单批改等承保业务全流程电子化的承保模式。

4）数字惠农理财的主要模式

主要是通过线上渠道向农村客户提供理财服务，目前的主要问题是农村地区专属优惠的理财产品较少，销售渠道还没完全下沉到农村，触达客户还不够充分。从销售模式看，主要包括依托手机银行直销和线上金融小店代销两种。第一，线上直销模式是指通过手机APP、小程序等，向农户直接提供线上理财产品，存在的问题主要是许多农民不善于线上操作，加之受到金融知识水平限制，大多不愿买也不敢买线上理财产品。第二，金融小店代理模式是指由代理人借助POS机、手机APP等向农户提供购买理财产品的金融服务，并从中获得手续费，存在的问题主要是一些代理人可能并不具备相应的理财知识，不能为农户提供合理的理财建议，同时代理人可能会为了较高的佣金而推荐给农户不匹配的产品，此外也存在较大的监管风险。

5）数字综合服务平台的主要模式

主要模式包括全流程线上供应链金融平台（B端）和"乡村数字治理＋金融服务"平台（G端）两种模式。一是全流程线上供应链金融平台模式。该模式源于传统的线下供应链金融，但却不是简单的供应链金融的线上版，解决方案提供者已不局限于商业银行，信托公司、电商平台、第三方支付公司、供应链专业化服务公司也参与其中，其结合自身业务特性和行业优势，在不同业务场景下提供线上的供应链金融服务。当前，少数农业龙头企业已开始主动打造线上供应链融资平台，如新希望六和的产融平台。对于金融机构而言，服务大型涉农B端客户，一般只能作为后台运营商，将支付结算和信贷服务嵌入到B端客户自主开发的平台中；服务中小型涉农B端客户，则可以主动开发系统平台，为细分农业产业链相关企业提供综合解决方案。二是"乡村数字治理＋金融服务"模式。主要是指以乡村数字治理为抓手，依托数字乡村服务平台，为农村各类客户提供政务服务、社会服务和金融服务等综合服务。根据农业农村部相关数据显示，全国共有55.97万个村委会，但目前搭建了"智慧村庄"综合管理服务平台的村委会还不到5%（杨哲、黄迈，2020）。目前，主要困难在于乡村治理数字化建设以地方探索为主，无论是政府还是金融机构都缺乏相应的顶层设计和统筹规划，平台开发同质化、重复化问题严重。对商业银行而言，既要加强银政合作对接，又要注重差异化布局。

【典型案例】

案例1 陕西农信："乡村V贷"提升信贷供给效能

陕西农信运用金融科技手段，以数据要素为底层驱动，构建种养殖细分行业的一百多个差异化、特色化风险模型，研发"乡村V贷"小微数字普惠贷款产品，有效提升对农业产业化龙头企业、农民专业合作社、家庭农场、种养殖大户等新型农业经营主体及县域小微客群的线上信贷服务能力，有力推动了"3+X"特色现代农业工程和"一县一园、一镇一业、一村一品"产业发展，通过数字普惠贷款服务助力乡村产业兴旺。

"乡村V贷"产品主要针对县域及农村地区的小微客户和新型农业经营主体客户更为下沉、数据获取难、风险防控难、适配性产品供给不足等突出问题，面向小微企业、个体工商户及个体经营户群体，设计了90个细分行业财务问卷，针对新型农业经营主体，设计了种植行业细分36个大类、418个小类调查模板，养殖行业细分8个大类540个小类调查模板的调查问卷，分行业模拟小微客户、新型农业经营主体经营及种植养殖过程和关键环节，通过"人工+AI"相结合方式对采集数据进行交叉验证，引入行业基准值校准机制，由系统自动还原客户的现金流量表和财务报表，极大地降低了客户经理数据采集的难度，提升了数据质量和应用效率，有效破解了小微客群和新型农业经营主体客户数据匮乏、财务不规范、信息不对称的核心风控难题。在此基础上融合行内外多方数据，运用多维度数据构建客户画像和计量模型体系，将大数据建模和机器学习等技术运用到风险控制中，为客户分类、欺诈识别、信用风险评估、授信及定价决策、贷后预警提供支撑，形成了准入风险筛查、贷前实时评级、贷中模型控制、信用风险拦截、贷后及时监控等动态管理的全生命周期数字化风控体系。

"乡村V贷"支持手机银行APP、微信公众号、富秦e支付APP等多个渠道办理，多渠道协同，最高授信额度500万元，最高信用额度100万元，支持信用、农业信贷担保、抵押担保等多种担保方式灵活组合，一次授信、多次使用，有效提升了对县域及农村地区小微客群的信贷服务能力，同时结合"3+X"特色现代农业工程和"一县一园、一镇一业、一村一品"产业发展规划，立足各县（区）资源禀赋特点，有效服务县域及农村地区农业产业化龙头企业、农民专业合作社、家庭农场、种植养殖大户等新型农业经营主体。

"乡村V贷"产品运用金融科技手段，以数据要素为底层驱动，通过细分行业的差异化、特色化模型有效提升了对县域及农村地区小微客群的信贷服务能力，同时结合"3+X"特色现代农业工程和"一县一园、一镇一业、一村一品"产业发展规划，立足各县（区）资源禀赋特点，通过种植养殖两大类细分行业的专业化模型有效服务县域及农村地区农业产业化龙头企业、农民专业合作社、家庭农场、种植养殖大户等新型农业经营主体。产品上线以来，截至2022年9月末，累计授信18.8万户、324.2亿元，累计用信14万户、345.5亿元，贷款余额144.11亿元，不良率0.18%。

案例2 福建农信：这里的"新型农业经营主体"贷款真方便

福建省农信联社协同古田联社，对古田县137家县级（含）以上新农主体进行全覆盖的摸底调研，形成"家庭农场、合作社、企业＋合作社"三种符合新农主体特征的信用分级评价模型，并结合信用影响因素，构建了一套完整、科学、有效的信用信息采集标准，确保了新农主体信用评级工作的科学性和专业性。为提高信用评级效率，防范业务风险，新农主体分级评价系统配置网点负责人、联社高管两级分层信用评级审核权限，利用工作流技术，系统自动将评级结果联动推送至相应的有权人，同时相关人员可跟踪查询业务流转环节和办理结果，确保信用评级过程的高效性，评级结果的可靠性。以新农主体主动填写、农业农村部门实时维护、福建农信金融助理上门采集核实等多维度信息采集为基础，保障了新农主体建档"精、准、活"。新农主体分级评价系统集聚了新农主体经营、税收、奖补等相关数据，为行社贷款管理、营销转化、金融产品创新等提供数据支撑。同时依托线上化"信用分级评价＋授信"模式，推动涉

农数据和金融数据互联互通互用，将信用评级结果量化为具体的授信、匹配的信贷产品和利率优惠标准，实现金融供给与新农主体金融需求精准对接。新农主体分级评价系统金融端具有新农主体信息登记、变更等功能，实现土地流转、农业补贴、商标与专利等新农主体数据的归集整合及实时更新，有效解决了新农主体信息碎片化、更新不及时等问题，夯实了新农主体信用评级、授信、奖补申请等各项业务的信息基础。同时依托新农主体分级评价系统政府端，各级农业农村部门可实时查询维护、全面跟踪新农主体发展情况，有效提升了新农主体管理的信息化、数字化水平。

据统计，自新农主体分级评价系统上线以来，古田联社依托该系统，完成124条古田县县级（含）以上新农主体信息的录入工作，运用系统内置的信用评定标准模型，完成31个新农主体在线信用评级，1家新农主体在线授信。

案例3　"吉农金服"：吉林农村的数字普惠金融　模式

为深入贯彻落实吉林省农村金融综合改革试验任务，自2016年以来，吉林省采取市场化方式组建了吉林省农村金融综合服务股份有限公司，建设和推广"吉农金服"农村数字普惠金融模式，搭起了农户和银行间的桥梁纽带，解决了农民融资进村最后一公里，为农民增产增收提供了有效支持和金融保障。

"自从三年前村上推广贷款，一直到现在，我们村规模养牛户从13户发展到21户。全村养牛规模从500多头，发展到现在的1100多头，吉农金服帮我们把规模翻了一倍。"东辽县金州乡新华村李维书记讲起村里的养牛产业，对吉农金服赞不绝口，"三年前我还是村会计，吉农金服在我们村建立服务站，找我当协理员，宣传土地贷款，这平台太好了，农民用钱不求人，手机点一点，又快又方便。这三年，我们村就通过吉农金服把养牛产业扶持壮大了，真正为农民办了实事儿，让大家挣到了钱儿。"

杨凯是扶余市永平乡平川村村民，2022年初，他在村里金融服务站的帮助下，通过吉农金服"红本贷"产品获得银行5万元贷款。"去年在吉农金服贷了4万块钱，流转了6公顷土地，买种子、化肥，种玉米、花生，增加了5万元收入。"他说，"感谢吉农金服公司提供的下款快、手续简便、灵活支取的优质服务，把最好的金融产品带到农村。"

值得一提的是，2022 年 3 月份正值备春耕生产时节，疫情突如其来，"吉农金服"模式在此时持续发挥线上无接触贷款优势，对接了建行、邮储等 8 家银行业机构，依托线下村级服务体系和线上平台，让农户足不出村就能办理春耕贷款，实现农户贷款 2.17 亿元，解了农户春耕贷款燃眉之急。

吉林省农村金融综合服务股份有限公司设计开发的"吉农金服"农村金融综合服务平台，运用电子签章、人脸识别、活体检验等先进技术，集成了信息采集、大数据风控、智慧管理等多种功能。该平台实现了与银行贷款业务系统的连接，贷款申请、业务审核、贷款发放、贷后管理等全流程线上化。经过系统审核通过的农户贷款申请，自动推送到银行机构，银行机构系统端自动审核，无人工干预，与传统业务模式相比，有效缩短贷款申请审核时间，单笔业务办理时间最快 8 分钟即可完成。平台支持多种用款及还款方式，一次授信，循环使用，用多少支多少，支多少付多少利息，随用随贷，随贷随还，非常方便快捷，受到广大农户的欢迎。截至 5 月末，已经累计为 6.03 万农户融资 39.13 亿元。今年为 150.84 万农户预授信近 500 亿元，现已累计为 1.37 万农户融资 11.22 亿元，预计帮助农户增收 6.71 亿元。

4. 农村数字普惠金融发展成效

通过现代信息技术的广泛应用，农村普惠金融服务的可得性、便利性不断提升。移动支付业务较快增长，截至 2022 年 6 月，我国农村地区网络支付用户规模达到 2.27 亿。2021 年银行业金融机构、非银行支付机构处理的农村地区移动支付业务分别达 173.7 亿笔、5765.6 亿笔，同比分别增长 22.2%、23.5%。银行保险机构优化传统金融业务运作模式，提供适合互联网场景使用的多元化高效金融服务，增加对广大农户、新型农业经营主体的金融服务供给。"农业经营主体信贷直通车"打造了"主体直报需求、农担公司提供担保、银行信贷支持"的高效农村金融服务新模式，截至 2022 年 4 月，已完成授信 27 496 笔，授信金额突破 200 亿元。

5. 农村数字普惠金融的未来

1）完善农村数字普惠金融政策

一是做好发展规划设计。统筹数字普惠金融的中长期发展框架、路线，加快出台数字普惠金融产业支持和财税支持政策，推动数字普惠金融与数字经济、乡村振兴等战略实施协同发展。二是制定差异化的金融政策。建议明确大、中、小金融机构的普惠金融服务定位，针对金融机构的体量、特点、数字化水平等制定差异化的数字普惠金融发展政策、措施方法等。三是加强业务管理。在平衡创新与风险的基础上，强化对金融产品、网络安全、个人信息保护等领域的监管力度，营造有利于数字普惠金融发展的环境。

2）加强农村数字基础设施建设

建议政府部门加强数字新基建统筹布局，进一步加大在农村、偏远地区的资源投入，持续扩大数字网络和信息服务覆盖范围，使数字技术惠及更多农村居民、偏远地区人群等弱势群体。金融机构要推动服务渠道数字化升级，加快布局线下智慧网点，充分发挥线上渠道触达优势，提升金融业务网上办、掌上办、一次办能力。同时，加快金融业生僻字治理，推出乡村振兴版、语音版等无障碍移动金融 APP。

3）加快涉农金融业数字化转型

中小金融机构要持续强化数字普惠金融产品创新，推动金融服务广泛触达小微企业、弱势人群等普惠群体。要注重群体特色，深刻分析涉农小微企业、个体工商户与农户等不同群体的金融需求，因地制宜打造个性化数字金融产品。要体现行业特色，聚焦农林牧副渔等不同类型涉农小微企业融资需求，打造与小微企业适配的数字信贷产品。要关注地域特色，以陕西为例，可围绕陕西农业大省现状，重点探索生物种业、智慧农业、农产品加工等领域的融资需求，助力打造区域增长极。

4）提升农村居民数字金融素养

要加强数字普惠金融宣传教育，充分发挥线上渠道优势，同时坚持做好线下宣讲，委派具备专业背景的人员面向农村普及数字普惠金融知识，培养农村数字金融工具运用能力，提高普惠群体对数字金融产品的认知度、认可度。要强化数字金融消费者权益保护，增强农村居民识别、防范金融诈骗和非法集资等违法活动的意识，保障涉农群体的合法权益不被侵犯。

三、乡村数字经济发展趋势

随着我国乡村社会由"乡土中国"向"城镇中国"转变，我国农村人口老龄化与社会分层趋势明显，数字经济赋能乡村振兴的作用愈发突出。预计到 2025 年，我国农业数字经济增加值将达到 1.26 万亿元，至 2035 年将达到 7.8 万亿元，县域特别是农村地区的信息消费增长速度将进一步加快，成为县域经济发展的一个非常突出的增长点。

（一）持续提升农民数字素养与技能

乡村产业的发展离不开人力资本的支持，但上文已经指出，农民数字素养不高和数字技能短缺导致乡村产业缺乏内生动力，因此，必须持续提升农民的数字素养与数字技能，为乡村产业发展提供必要的内生动力。实际上，农民数字素养和数字技能之间存在差异。数字素养是农民对于数字技术和数字经济的基本态度，即把数字技术看作一种娱乐消遣还是一种生产投资，在此基础上，农民决定学习何种数字技能。因此，相对于数字技能来说，提升农民的数字素养居于更加基础性的地位。对此，基层政府应该承担起必要的宣传和引导职能。一方面可以通过视频宣传或者实地学习的方式让农民切实认识到发展数字经济是能够促进农村产业发展和提高自身收入的；另一方面，也可以通过树立典型的方式让一部分已经具有数字素养的农民通过学习数字技术和发展数字经济先富起来，进而提升其他农民的数字素养和发展数字经济的积极性。

在提升农民基本数字素养的基础上，基层政府应该结合本地的产业发展实际进一步确定数字经济和农村产业的结合点，并据此设立专门的学习班或者培训班来提升农民的数字技能。政府也可以与社会资本或者数字企业合作并借助社会力量对农民进行专业化的数字技能培训。比如可以与电商合作来培训农民的直播技能，教授农民直播技巧，从而使农民可以通过网络直播的方式扩大农产品销路，提高自身的收入。随着农村产业与数字经济的逐步融合，从事农业生产的比较利益会逐步提高，进一步吸引更加专业化的数字经济技能型人才加入农村，从而彻底改变农村人力资本只出不进的传统格局，为农村产业发展提供持续的动能。

（二）加快推进农村数字基础设施建设

虽然数字经济可以为农村产业发展提供动力，但在城乡之间存在显著"数字鸿沟"的情况下，城镇数字经济的发展显然快于农村，从而进一步扩大城乡之间的收入差距。更重要的是，正如上文所述，这种"数字鸿沟"还会通过"虹吸效应"将农村的人力资本集聚到城市，从而进一步削弱农村产业发展的内生动力。因此，在不断提高农民数字素养和数字技能的基础上，还应该进一步加快推进农村的数字技术设施建设，从而全面提升农村数字经济发展的"软实力"和"硬实力"，不断缩小城乡收入差距，实现城乡融合发展。

首先，要加快农村的互联网和 5G 通信设施等关键基础设施的建设，并使其达到城市的建设标准，同时还要尽可能降低农民的网络资费水平，在必要的情况下，可通过财政补贴方式减轻农民特别是低收入农民的资费负担。其次，要在具有一定数字经济基础和数字化产业链地区，逐步建设和推广可运用人工智能与大数据等新一代信息通信技术的数字基础设施，努力形成农业农村的物联网体系，初步打造智慧农村体系，进而建设高效的现代化农业产业链，不断提升农村产业的比较利益。最后，与提高农民的数字技能水平相适应，要切实用好数字技术和数字平台，大力开展名师远程网络直播教学和视频授课，在使农村居民能够享受到最前沿的数字经济教育的同时，也能使农民以较低的成本学习到生产经营所需数字技术。此外，农村数字基础设施建设还可以提升农村的公共服务水平，吸引外部的数字型技能人才。众所周知，城乡之间在医疗资源等方面存在显著差异，这也成为农村无法吸引到高素质人才的重要原因之一。通过数字基础设施建设，可在一定程度上破解农村医疗资源短缺困境。一方面，数字基础设施建设使乡村医生得到定期培训，从而提升其医疗水平；另一方面，数字基础设施建设也使名医线上问诊成为现实，从而让农民和引进的高技能人才足不出户就可以享受到优质的医疗服务。通过医疗大数据也可以精准服务农村大病重病群体，做到早发现、早介入、早救助，避免出现由因病返贫和因病致贫导致的城乡收入差距扩大问题。

（三）有序铺开农村数字普惠金融

在不断提升农民数字素养和数字技能的同时持续推进农村数字基础设施建设的背景下，还应该发展农村数字普惠金融来解决农村产业发展过程中面临的融资约束。众所周知，资金不足一直以来都是农业农村发展的重要瓶颈，农村不仅无法吸引到必要的人力资本，更无法筹集到足够的物质资本，而必要的物质资本积累是经济摆脱贫困陷阱和实现可持续增长的前提条件。虽然普惠金融在农村实施已久，但在实践中没有取得应有的成效，究其根源，在于无法有效控制信息不对称造成的借贷风险，而随着农村数字基础设施不断完善，数字普惠金融机构可以利用数字技术解决这一问题。

随着数字经济的发展，可通过数字化技术实现对农业的可视化管理和精准化预测，帮助银行和其他金融机构提高对涉农贷款的风险管理能力，实现精准化的普惠贷款，有利于从根源上解决农民贷款难和贷款贵的问题。

数字经济的发展不仅可以通过搭建数字化平台拉近农村与保险、期货的距离，从而妥善应对农产品需求价格弹性较低或者重大自然灾害给当地农业生产带来的冲击，还可以降低农民了解期货市场运行的成本，使其能够充分利用期货市场规避市场价格风险，进而完善农业风险管理体系，稳定农民收入。保险和期货是金融发展的高级形态，其推广和普及要求农民必须具有较高的金融素养，同时数字基础设施建设也必须足够成熟和完善。

（四）以数字技术赋能乡村治理

通过数字技术赋能乡村治理，要完善推进数字乡村治理的考核机制。传统的考核方式偏重形式，不仅缺乏实效，还增加了基层的负担，因此，有必要充分发挥村民在数字乡村治理考核中的监督作用。基层政府作为数字乡村治理的建设主体，要依托全国一体化政务平台，切实提高基层政府的公共服务水平，努力做到让农民办事不出村，能一次办成绝不跑第二次，切实为农村办好事、办实事。要加快农村数字化治理平台建设，不断拓展数字技术在农村治理中的应用场景，规范数字乡村建设的技术标准，建立统一规范的数据采集标准，在强化数据安全管理的基础上打通区域间和部门间的数字壁垒，提高基层综合服务的数字化和智能化水平，调动农民参与基层治理的积极性和主动性，逐步形成政府、村集体和村民等各方共建、共享和共管机制，真正以数字技术赋能乡村治理。在此过程中，要明确参与数字乡村治理各主体职责，完善数据监管机制，明确数据的产权划分和隐私保护制度，谨防村民隐私被泄露。此外，还要借助数字技术充分挖掘农村的生态价值特别是文化价值，以本地特色文化为切入点，将数字技术、生态和文化有机结合，在弘扬本地特色文化的基础上大力发展生态文化产业，并借助人工智能和虚拟仿真等技术以更加多样的方式推动文化的传播，最终实现乡村振兴的产业兴旺、生态宜居、乡风文明、治理有效、生活富裕等要求。

第三节　乡村网络文化

【导语】

宁静的乡村，网络文化的种子悄然生根发芽。

"乡村风"引入"现代范"，乡村的朴素与自然，现代的时尚与创意，水乳交融；"传统技艺"变身"创新潮流"，技艺的古老与现代的奇妙"相遇"，天作之合。民俗风光、林中山水、历史印记，撰写出非遗工匠文化之美。一朵独特的乡村文化"云"，用网络力量书写不一样的文化表达式……

一、概念

文化建设是乡村振兴发展中不可忽略的一部分，而网络文化又是社会主义文化重要的组成部分，它不仅深入到了城市，也深入到了广大农村之中，正在对乡村振兴产生着不可估量的影响。要研究乡村网络文化建设问题可以从乡村文化、网络文化以及乡村网络文化这三个概念的界定开始，厘清相互之间的关系，以便我们更好地把握研究对象。

（一）乡村文化

对于"乡村文化"这一概念的界定，国内学术界尚无统一观点，大体而言，乡村文化主要是指乡村居民在农业生产与生活实践中逐步形成并发展起来的道德情感、社会心理、风俗习惯、是非标准、行为方式、理想追求等，其表现为民俗民风、物质生活与行动章法等，以言传身教、潜移默化的方式影响人们，反映了乡村居民的处事原则、人生信念、理想以及对社会的认知模式等，是乡村居民生活的主要组成部分。

101

对于"乡村文化"的概念和内涵，具有代表性的有"两分说""三分说""系统论"等观点。"两分说"的代表学者吕宾认为，乡村文化是带有地域性、乡土性的物质文明和精神文明的总和。"三分说"的代表学者高静等认为，乡村文化主要是存在于村落形态中能够引领乡村善治、增加村庄财富、提升乡村居民福祉的"物质表象、观念形态和行为守则"。"系统论"观点将乡村文化视为一个文化系统，认为乡村文化是基于乡村社会空间形成的文化系统，也是一种历史性文化系统。

中国作为一个传统的农业大国，乡村历史悠久，在这深厚的历史积淀下，乡村文化逐渐形成和发展起来，中华民族传统文化也与此同时慢慢地形成并逐渐发展。中华民族传统文化是在乡村文化的基础上诞生的。乡村文化是中华文明的根脉所在。乡村文化在其发展过程中，不仅有价值观、行为规范等"无形"的文化内容，还体现为村寨、道路、桥梁等构成的有形的文化空间。在乡村，"无形"的文化内容依赖"有形"的文化空间而存在。如果有形的文化空间被破坏，则无形的文化内容也随之消散。因此，要实现乡村文化振兴，首先就是对乡村有形的文化空间的保护和重建。再者，每个乡村都因其独特的自然环境和文化内容而呈现出各自相异的形貌，在数字乡村建设过程中对这一点应予以足够重视，避免重蹈"千村一面"的覆辙。

（二）网络文化

1994 年 4 月 20 日，中国通过一条 64K 的国际专线接入国际互联网，标志着中国正式加入互联网国际大家庭。移动互联网、云计算、大数据、物联网等与现代制造业、商业、农业的高度融合，正在改变人们原有的生产和生活方式。可以预见，随着时间的不断推移，这种改变将会更加深入，更为广泛。当今时代，网络已经成为人们生活不可或缺的部分，随之也诞生了多元化的网络文化。

关于"网络文化"内涵的研究，学术界主要从网络技术角度、内容构成角度和文化价值角度等不同角度做出归纳概括。从网络技术角度界定，网络文化定义为"以计算机技术和通信技术融合为物质基础，以发送和接收信息为核心的一种崭新文化"；从内容构成角度，网络文化定义为"网络文化作为一个整体在结构上包括物质层面、制度层面、精神层面的网络文化"；从文化价值角度，网络文化定义为"网络文化塑造出全新的文化价值规范体系"。

网络文化是以信息技术为物质基础，以信息传递交流为特征，是在网络空间形成的文化活动、文化方式、文化产品和文化观念的集合，是人们在互联网环境下参与网络活动而创造的物质财富和精神财富的总和，对人们的生产生活方式和价值思维方式产生了深刻的影响。

（三）乡村网络文化

乡村网络文化是依托互联网技术发展，包括物质文化产品和精神文化产品在内的，影响人的生产和生活方式的文化形式总和。

乡村网络文化是在实施乡村振兴战略和推动数字乡村发展战略背景下，以网络通信技术为基础，以微信、微博、短视频等新媒介和平台为依托，由政府、企业、农民等多元主体积极参与，以服务农民、繁荣乡村为重要目标的复杂文化综合体。是对乡土文化的延伸和多样化展现，体现了新时代乡村独特的文化行为和文化产品特色，反映了新时代乡民的价值观念和思维方式，对于塑造农村网络文化阵地、宣传优秀农耕文化、展现新时代乡民风貌起着至关重要的作用，能够为推动乡村全面振兴创造安稳有序、积极向上的网络舆论环境。

乡村网络文化作为社会主义先进文化的重要组成部分，关系社会主义文化事业的大繁荣大发展。既包括现实社会的文化繁荣与发展，又包括网络虚拟社会的文化繁荣与发展。推动新时代乡村网络文化高质量发展必须加强乡村网络文化建设。一是坚持以社会主义核心价值观引领乡村网络文化建设。加强乡村网络文化建设的内容引领和舆论引领，不断提升网络文化传播的实际成效，为更好地建设农村网络文化阵地营造风清气正的氛围。二是坚持以农民为中心的服务导向。充分调动广大农民群众的积极性和参与性，激发农民群众的网络文化建设热情，创造出既能符合新时代发展要求又能真正满足农民群众多种需要的健康向上的网络文化。三是坚持深入挖掘传统乡土文化内涵。推动中华优秀传统乡土文化与现代主流文化和网络文化有机结合和创新发展，积极推进中国特色网络文化健康发展。

二、乡村网络文化建设的意义

网络传播既是乡村文化振兴的重要内容，也是乡村文化振兴的重要手段，在加强农村思想道德建设、弘扬优秀传统文化、丰富乡村文化生活等方面发挥了巨大作用。习近平总书记强调，乡村振兴是包括产业振兴、人才振兴、文化振兴、生态振兴、组织振兴的全面振兴。振兴乡村网络文化是高质量建设乡村文化的应有之义，有利于进一步提高广大农村精神风貌，丰富农民精神文化生活，弥合城乡在文化资源领域的"数字鸿沟"。

为大力推进乡村文化建设，国家先后出台了一系列指导文件。2018年中共中央、国务院印发《关于实施乡村振兴战略的意见》提出，加强农村思想文化阵地建设。传承发展提升农村优秀传统文化。立足乡村文明，吸取城市文明及外来文化优秀成果，在保护传承的基础上，创造性转化、创新性发展。2019年5月中共中央办公厅、国务院办公厅印发的《数字乡村发展战略纲要》提出，加强农村网络文化阵地建设。建设互联网助推乡村文化振兴建设示范基地。加强乡村网络文化引导。支持"三农"题材网络文化优质内容创作。文件对乡村文化建设手段、目标提出了具体要求，明确指明了网络传播助推乡村文化振兴的发展方向和行动路径。2022年初，中央网信办、国家发展改革委、农业农村部等有关单位会同有关部门制定了《数字乡村发展行动计划（2022—2025年）》（以下简称《行动计划》），计划中提出"筑牢乡村网络文化振兴阵地，推进乡村文化资源数字化"，为"十四五"期间繁荣发展推动数字乡村建设网络文化指明了方向。要"筑牢乡村网络文化阵地"，提升网络优质内容供给至关重要。优秀传统文化是一个国家、一个民族传承和发展的根本，要善于把弘扬优秀传统文化和发展现实文化有机统一起来、紧密结合起来，在继承中发展，在发展中继承。

（一）营造清朗网络空间

营造清朗网络空间是推动乡村网络文化振兴的基本要求，能够有效解决供给不足、监管缺失等突出问题。

近年来，我国不断加强对网络空间内容生产、复制、发布、运营的规范治理，加快培育向上向善的网络文化。国家网信办等有关部门出台《网络信息内容生态治理规定》《网络音视频信息服务管理规定》等系列法规，营造积极健康、清朗有序的网络空间。当前，网络文化内容的主要目标受众是城镇用户，农村居民获取优质网络文化内容尚未满足日益增长的精神文化需求。尽管网络监管力度不断加强，但违法和不良信息仍层出不穷。例如，各类低级趣味、"标题党""怪力乱神"等不良信息充斥着农村居民的网络空间，各类谣言通过微信群组、"朋友圈"在乡村间传播，以培训名义搞传销、以高利诱惑搞"投资"、以虚假疗效卖保健品等不法侵害时有所闻，甚至在有些地方邪教信息借助互联网侵蚀农村居民的精神空间，严重影响了乡村网络文化的健康发展，对培育和弘扬社会主义核心价值观产生不良影响。

《行动计划》明确提出，要"筑牢乡村网络文化阵地"，提升网络优质内容供给，加强对农村地区网络文化内容监管。一是增加优质内容供给，完善县级融媒体中心功能，支持"三农"题材网络文化优质内容创作，鼓励各地依托当地乡村特色、风土人情、文化习惯，打造符合农村居民文化习惯的优质内容。二是加强网络视听节目管理和国家宗教政策宣传普及工作，依法打击农村非法宗教活动及其有组织的渗透活动。加强网络巡察监督，遏制封建迷信、攀比低俗等消极文化的网络传播，预防农村少年儿童沉迷网络。三是积极开展网络普法教育，借助微信群组、H5等形象生动、喜闻乐见的方式，加大农村居民对网络立法的了解掌握，推动依法上网成为农村居民的基本共识。四是鼓励广大农村居民积极参与网络文化作品创作和供给，借助微博、微信、短视频进行跨媒介、立体化传播，并为农村民众参与数字文化生产提供必要的培训、技术支持和政策扶持。

（二）保护优秀传统文化

保护优秀传统文化是推动乡村网络文化振兴的基本抓手，能够有效解决资源存续、数字化缺失等问题。

优秀传统文化是一个国家、一个民族传承和发展的根本，如果丢掉了，就割断了精神命脉。我们要善于把弘扬优秀传统文化和发展现实文化有机统一起来、紧密结合起来，在继承中发展，在发展中继承。互联网促进了城乡文化资源的交流互鉴，乡村文化资源的数字化为乡村文化振兴提供了有效手段。然而，伴随我国现代化进程快速推进，乡村传统文化资源陷入生存困境，部分面临存续危机。例如，乡村文物资源管理混乱，传统村落和乡村传统特色民居遭到不同程度破坏，乡村原有传统节日民俗活动渐趋式微，失去原有文化功能，具有地域特色的非物质文化遗产面临失传和被遗忘的尴尬局面。当前，乡村文化资源的数字化改造和渗透进展缓慢，数据化存储和优化管理等作用未充分显现。

《行动计划》明确提出，要"推进乡村文化资源数字化"，加强农村文物资源数字化保护及乡村文化数字化展示。一是结合乡村文化特色，制定行之有效、独具特色的数字化实施方案，有效保护当地乡村文化资源，展示乡土文化的真正魅力。二是加大乡村文化遗产的数字化转化开发力度，重点保护利用好古镇古街、祠堂民宅、廊桥亭台、古树名木等物质文化遗产，以及民俗风情、传统技艺、乡乐乡戏等非物质文化遗产，实现乡村文化遗产的创造性转化和创新性发展，延续乡村文化脉络。三是加大线上线下相结合，利用网络充分展示当地乡村文化资源，促进"互联网 + 文旅"产业发展，积极探索开发新产品、新业态，为发展乡村文化产业创造良好条件。

（三）加强文化服务保障

加强文化服务保障是推动乡村网络文化振兴的基本支撑，能够加快解决服务弱化、设施效能低下等问题。

文化基础设施是促进乡村文化振兴的重要基础。《中华人民共和国国民经济和社会发展第十四个五年规划和 2035 年远景目标纲要》提出，要"创新实施文化惠民工程，提升基层综合性文化服务中心功能，广泛开展群众性文化活动"。近年来，我国出台政策加大乡村基本文化设施的投入，文化基础设施建设成绩突出。但实施效果仍有待进一步加强，现有乡镇综合文化站等公共文化服务设施效能较低，多地农家书屋形同虚设。此外，我国广大农村地区缺乏统一标准的基层公共文化网络基础设施，如乡村数字图书馆、乡村旅游网上展馆、乡村文化网上展馆、数字博物馆等。

《行动计划》明确提出，要实施"乡村文化设施和内容数字化改造工程"，重点提高基层公共文化设施数字化服务水平。一是加快乡村信息基础设施建设，加强对乡村网络设施水平的提升优化，加快农村宽带通信网、移动互联网、数字电视网等综合网络的建设及覆盖。二是用好公共文化云基层智能服务端，推动乡村公共数字文化站建设，支持推进农村地区广播电视基础设施建设和升级改造，提升乡村公共文化服务能力。三是培养乡村网络文化服务人员，提高当地文化从业人员服务意识，把一些热爱乡村文化事业、具有专业特长、甘于奉献的优秀人才吸纳到乡村文化建设中来，打造一批专门服务于农村居民的文化管理队伍。

三、乡村网络文化建设的内容

（一）农村网络文化阵地建设

农村网络文化阵地建设是指将网络媒体作为社会主义先进文化在农村地区传播的有效渠道，通过主流思想网上传播、县级融媒体中心建设、乡村特色文化宣传、农村基层文化服务机构信息化，巩固农村思想文化阵地。

1. 主流思想网上传播

利用政府官方网站、新闻媒体、数字广播、公众号、APP 等新媒体平台，结合典型案例、鲜活数据，对社会主义主流思想进行常态化宣传、解读。

省级层面需要负责宣传和贯彻党的文化宣传方针政策，指导县级宣传部门开设运营各类自媒体官方宣传账号，对党和国家政策、社会主义主流思想进行常态化宣传、解读。以文明乡风、良好家风、淳朴民风、保护传承优秀农耕文化为主题，建立优秀乡村网络数字文化选送机制，建设投稿征集平台，面向社会征集优秀乡村振兴题材稿件。

县级层面负责本级官方宣传账号运营管理、内容更新、舆论引导、回应群众关切等工作，及时推出乡村振兴重点报道。由县级宣传部门对征集的优秀乡村网络数字文化作品统一规制后，分发至县级融媒体中心、农村基层公共文化服务站点、网络平台。选拔和培养农村网络文化正能量传播员队伍，通过信息终端把优质内容传递给基层群众。

【典型案例】

广东卫视：《从农场到餐桌》

《从农场到餐桌》是广东卫视打造的一档聚焦精准扶贫、关注"三农"发展、助推乡村振兴的融媒体节目，深入全国各地的美丽乡村，展示农产品的风味、故事和价值。该节目行程超过 75 万公里，深入 700 多个乡村，铸造上百款农产品品牌，助力销售近 6000 吨农产品，开播以来最高收视率位居全国同时段第 2 名，成为全国省级卫视影响力最强的农业栏目之一，蕴含着《从农场到餐桌》媒体与多产业融合助农的创新实践。

《从农场到餐桌》首创"节目内容＋融媒体平台＋线下专区展示"立体传播、"内容生产＋直播带货＋电商销售＋线下活动＋品牌孵化＋政企助力＋社区团购"相结合的节目产生模式、商业运营模式与产业生态系统。

节目采用"微纪录＋综艺"的形式，通过"一日农夫"和"农产品美食推荐"的环节，讲述农产品的种养过程、品质特点、文化内涵和农人故事，让观众了解农产品的全产业链，增强对农业的认知和信任。

除了传统的品牌广告，《从农场到餐桌》还开通了线上商城，售卖节目同款产品。与中国邮政集团、广州江南果菜批发市场、佛山中南农产品交易中心等多个国企和市场渠道达成战略合作，为农产品提供仓储、物流、检测、采购等多种服务，打通农产品流通渠道，助力农民增收。

节目利用电视大屏和融媒体平台的立体传播，通过优酷、腾讯、爱奇艺、触电新闻等新媒体平台播出节目，通过微信、微博、抖音等社交媒体进行互动推广，通过直播带货、短视频等形式进行二次激发和深度发酵，实现了大小屏联动、跨屏消费和边看边买。

2.县级融媒体中心建设

整合县级广播电视、报刊、新媒体等媒体资源，建设涵盖媒体服务、党建服务、政务服务、公共服务、增值服务等业务的融合媒体平台。

省级层面负责县级融媒体中心站址部署，依据《县级融媒体中心省级技术平台规范要求》（GY/T321-2019）建设县级融媒体中心省级技术平台，为县级融媒体中心业务开展提供技术能力与基础资源支持。

县级层面依据《县级融媒体中心建设规范》等相关规范性文件要求，建设县级融媒体中心。各县委宣传部门负责协调县委县政府各部门资源，逐步拓展县级融媒体中心的党建服务、政务服务、公共服务、增值服务等功能。

【典型案例】

县级融媒：喜迎二十大·跟着镜头看灵武

《喜迎二十大·跟着镜头看灵武》以灵武市各村、企业为单位，以党建引领产业发展为切入点，以"新媒体直播＋短视频展播＋线下集中采访"相结合的方式，利用中心全媒体平台宣传优势，展现各乡村、各基层党组织在抓党建引领乡村振兴、抓党建促基层治理等方面的好经验、好做法，讲述乡村建设者的奋斗故事。新华社点评该直播活动通过直播连线、现场报道、景观航拍等多种形式，打造"跟着镜头看灵武"品牌影响力，揭秘党建引领特色产业的财富密码，起到了很好的推广效果。

近年来，灵武市融媒体中心坚持"内容创优、移动优先、共享融通"的发展目标，持续推动体制机制改革，不断创新管理模式，实行全媒体策划、全媒体联动。2023年上半年，共播发《灵武新闻》131期，新闻稿件1390条，自办栏目107期，制作专题片30余部，推送微信2520条，自制短视频在抖音、视频号等新媒体平台共发布372条，累计观看量达165万，点赞量8.2万人次，1—6月，"美丽灵武"微信公众平台阅读总量及 WCI 指数在全区县级融媒体平台中排行首位，实现了再度"领跑"。

3. 乡村特色文化宣传

依托地方特色文化专题资源库（省宣传、网信、农业农村、文化和旅游、乡村振兴等部门牵头组建），基于各级政府网站、公共文化资源服务平台、新媒体等平台开设移风易俗、优秀农耕文化、重要农业文化遗产宣传专栏。

省级层面组建地方特色文化专题资源库。统筹各类乡村文化主题活动的策划、组织以及网上宣传。

县级层面以传统节日、重大活动等为契机，策划、组织各类乡村文化活动，并通过新媒体平台扩大乡村文化活动网上传播渠道与影响力。

4. 农村基层文化服务机构信息化

对乡镇综合文化站、村（社区）综合性文化服务中心等现有站点进行信息化升级改造，通过网站、APP、社交平台、新媒体平台等信息化手段，为农村居民提供公共文化服务。

省级层面牵头推进县、乡、村三级网络文化站点信息化建设。基于省公共文化服务平台，推进全省"二馆一站"（公共图书馆、文化馆以及乡镇综合文化站）文化资源上云入库与共享开放。以网站、APP、小程序等形式建设掌上文化服务平台。

县级层面组织基层文化服务机构进行网络基础设施建设与数字访问终端部署。依托省级公共文化服务平台，将县级"二馆一站"的公共文化资源上云，在农村居民中推广使用掌上文化服务平台。

（二）乡村文化资源数字化

乡村文化资源数字化主要包括农村数字博物馆建设、农村文物资源数字化、农村非物质文化遗产数字化等，通过信息技术采集农村风土民情、非遗资源、文物遗址等文化资源信息，以数字化形式进行资源存储、管理、分析、利用、展示，实现乡村传统文化的保护与网上广泛传播。

1. 农村数字博物馆建设

通过信息技术手段对传统村落资源进行挖掘、梳理、保存、推广，以网站、APP、小程序等形式建设数字博物馆平台，集中展示村落的自然地理、传统建筑、村落地图、民俗文化、特色产业等。

1）中国传统村落数字博物馆建设

针对入选中国传统村落名录的村庄，依托中国传统村落数字博物馆平台，建设传统村落单馆，以文字、图片、影音、三维实景、全景漫游等形式，集中展示传统村落概况、历史文化、环境格局、传统建筑、民俗文化、美食特产、旅游导览等信息。

省级层面负责初审传统村落单馆申报建设信息，并将推荐建馆村落有关材料报送住房和城乡建设部，指导通过审核的传统村落所在县制作、上传建馆材料。

各传统村落所在县住房和城乡建设部门负责单馆建馆申请、实施方案制定，组织专业团队对建馆村落进行深入调查和材料制作，并提交省级住房和城乡建设部门。

注意事项：建馆村落应为已列入中国传统村落名录的村庄，各省传统村落单馆建设应分批次有序开展，优先选取具有地区或民族代表性的、保护成果显著的中国传统村落开展建馆工作。

2）历史文化名镇名村数字博物馆建设

针对入选中国历史文化名镇名村名录的村落，依托中国历史文化名镇名村数字博物馆平台（由住房和城乡建设部组织建设），建设村镇单馆，集中展示村镇历史文化、文物资源、历史建筑、非遗资源等信息。

省级层面负责对县级政府提交的单馆申报材料进行初审，遴选优秀案例向全国历史文化名镇名村数字博物馆平台上报。有条件的省可建设省级平台。

历史文化名镇名村所在地的县级政府部门，负责组织专业团队对村镇文化资源进行梳理挖掘，形成对应的数字化档案与影像资料，并向上级主管部门上报评审材料。

2. 农村文物资源数字化

农村文物资源数字化包括数字化采集与展示，前者指应用信息技术将农村文物的自然属性信息与人文属性信息加工为图文、视频、3D 影像资源，后者指对采集成果进行故事化加工创作，通过各类网络平台对外宣传展示。

省级层面依托省级文物数据档案存储和管理中心建设农村数字文物资源库，整合汇聚各市、县农村数字文物资源，并对接国家文物局统一建设的"数字文物资源库"。

县级层面负责农村地区文物资源信息的采集与报送工作。依托"互联网＋中华文明"行动计划，搭建流动式乡村文化遗产虚拟展示与传播系统，经常性组织乡镇、行政村举办流动展览。有条件的地方可在乡村基层文化服务机构部署线下文物展示一体机、数据展示屏等实体终端，提高文物资源的进村展示力度。

【典型案例】

石家庄：数字化乡村风俗志

2021年12月，一项数字化乡村风俗志文化工程活动在石家庄井陉县启动。据介绍，数字化乡村风俗志文化工程着眼于保护并传播乡村文明，对传统村落进行数字化保护与开发，依托数字化摄影技术、虚拟化数字处理软件、大数据信息管理技术等对乡村的重要数据信息进行统计分析、存储与展示，为乡村文明的保护和传承提供数字化平台。乡村风俗志内容将全部在冀农APP"乡村风俗志"板块上进行图文及视频等多样化呈现，系统阐释乡村的发展脉络，内容主要展示乡村的历史、经济、人物、产业、习俗等。通过对村史和文化资源进行整理、挖掘和系统梳理，提升村民文化认同感，在树立文化自信的基础上，提升对传统村落的保护理念，积极助力乡村振兴。

3.农村非物质文化遗产数字化

对农村地区传统口头文学及文字方言、美术书法、音乐歌舞、戏剧曲艺、传统技艺、医疗和历法、传统民俗、体育和游艺等非物质文化遗产进行数字化记录、保存与宣传展示，实现农村非物质文化遗产的数字化留存和传播。

省级层面负责省级非物质文化遗产网的建设与运行维护，并与文化和旅游部建设的中国非物质文化遗产网实现对接。依托省级非遗网，开展线上展播、网络直播等宣传展示活动。

县级层面配合上级部门做好非遗记录，负责非遗项目普查、收集、筛选和资料报送等工作。各县建立标准化的采集、建档、管理流程，对非遗项目、代表性传承人、非遗数字资料进行数字化档案管理。

注意事项：农村非物质文化遗产数字化记录工作应遵循《国家级非物质文化遗产代表性传承人抢救性记录工作规范》等相关要求。

（三）"三农"网络文化创作

"三农"网络文化创作是指以"三农"为主题，支持内容创作者开展文艺创作，推出一批具有浓郁乡村特色、充满正能量、深受农民欢迎的网络文学和网络视听节目。

省级层面依托网络视听节目精品创作传播工程、"弘扬社会主义核心价值观共筑中国梦"主题原创网络视听节目征集、推选和展播活动等，对反映"三农"优秀文化的网络文学和网络视听节目给予优先审批、绿色通道、财税金融支持等政策支持，建设"三农"题材网络文化资源库。

县级层面负责发掘本地优秀"三农"题材作品，建设本地乡村网络文化创作题材作品库。为本地"三农"网络文化创作者提供政策咨询、内容策划、生产制作、后期剪辑、产品测评等支持，培育"三农"网络文化优质内容创作人。县级融媒体中心通过自有数字渠道对"三农"网络文化创作内容进行推广，并与合作的社会数字平台载体（搜索、电商、社交、短视频等平台）进行有效对接。

【典型案例】

李子柒：向世界展示中国乡村文化的"顶流"

李子柒，这个在中国互联网上引起轰动的年轻女孩。她以自己的独特方式展示了中国传统文化，让人们重新认识和感受到它的美丽和价值。不仅如此，她还用自己真实的生活故事，向世界展现了中国古色古香的生活。

李子柒25岁开始自拍自导古风美食短视频，26岁拍出的《桃花酒》在网络上小有热度，27岁时在网上开始出名，自此她的人生像开了挂一样，高歌猛进。28岁入驻海外短视频平台，并在短短三个月内获得了YouTube的白银创作者奖牌，被国外网友称为"来自东方的神秘力量"。29岁时成为成都首位非遗推广大使，上过《人民日报》、新华社、共青团中央、中央电视台的文章人物评论，还曾获得《中国新闻周刊》主办的"年度影响力人物"荣誉盛典"年度文化传播人物奖"。31岁时，以1410万的YouTube订阅量刷新了由其创下的"YouTube中文频道最多订阅量"的吉尼斯世界纪录。

在李子柒的视频里，她以淡然的生活态度和对传统手艺的热爱，将乡村生活的魅力以独特而生动的方式呈现给世界。视频受众能从她的视频里感受生命的生长、成熟与凋零，在看美景、赏美人、知美食的同时，还能见识中国传统手工艺。她用自己的方式，让这些看似古老而陈旧的事物重新焕发出鲜活的生命力。

（四）乡村网络文化引导

乡村网络文化引导主要包括整治农村互联网非法传教活动、清理网络空间违法和不良信息等，通过清理整顿网络负面信息，加强内容创作和传播引导，为农村居民打造清朗健康的网络空间环境。

1. 整治农村互联网非法传教活动

开展政策法规网络宣传，依据《宗教事务条例》，规范互联网宗教信息服务，开展互联网宗教信息服务主体全面清理整顿，杜绝利用互联网在农村地区进行非法传教。

省级层面负责统筹农村互联网非法传教整治工作，主动抵御非法宗教渗透，严防邪教组织在农村地区发展蔓延。

县级层面负责对宗教场所举办宗教活动存在的安全隐患，以及是否存在非法传教活动、邪教活动、借宗教名义进行封建迷信活动等情况集中排查，同时排查利用互联网的非法传教行为。针对排查出的问题，按照"属地管理、分级负责"的原则，制定应对措施逐一化解。

2. 清理网络空间违法和不良信息

清理互联网上淫秽色情、攀比低俗、封建迷信、网络谣言等违法和不良信息，遏制其在农村地区的传播，让违法和不良信息远离农村少年儿童。

省级层面负责建立与完善网络违法和不良信息举报平台，清理下架违法违规信息、网站、移动应用程序，联合公安网络安全保卫部门与相关部门进行查处打击。指导、监督各地各网站规范开展互联网违法和不良信息举报工作。负责统筹农村中小学违法和不良信息防范教育，安排增设相关课程。

县级层面依据《网络信息内容生态治理规定》，加强对互联网信息平台违法和不良信息的巡查清理，依托互联网违法和不良信息举报平台，受理群众举报，定期开展宣传教育活动。组织、督导、检查农村中小学违法和不良信息防范意识教育课程开设的情况。

【典型案例】

黑龙江大兴安岭地区：民警走入田间地头开展防电诈宣传

随着农村互联网普及率的提升，电信网络诈骗也逐渐在农村地区出现，为了全面提升农民群众防范电信网络诈骗的意识和能力，大兴安岭地区行署（森林）公安局民警开展了走进村屯开展防电诈宣传工作。具体措施包括：一是逐家逐户开展反诈宣传，将多发的诈骗类型和防骗常识用简明扼要的话语进行讲解，提醒农民群众注意各种诈骗陷阱；二是组织群众下载国家反诈中心 APP 并同步转发朋友圈，号召广大群众积极带动身边人参与防范、打击电信诈骗犯罪，推广"固守群众阵地，构建铜墙铁壁"全民反诈工作做法；三是民警深入住户、巷道、田间地头，通过发放反诈宣传制品、张贴宣传海报、用心讲解真实案例等方式使反诈宣讲达到全覆盖。通过全力打造"民警常进百姓家、一警宣传三代人"的宣传模式，相关地区营造了浓厚的舆论宣传氛围，人民群众防范电信网络诈骗的意识和能力得以提升，群众财产安全得到进一步保障。

四、乡村网络文化建设的成效

乡村网络文化阵地不断夯实，网络文化生活精彩纷呈，数字技术助推农耕文化得到进一步挖掘和弘扬。

（一）乡村网络文化阵地不断夯实

各地认真贯彻落实习近平总书记关于媒体融合发展的重要论述，大力推进县级融媒体中心建设，截至 2022 年 8 月，全国已建成运行 2585 个县级融媒体中心，共开办广播频道 1443 套、电视频道 1682 套，有效传播党和政府声音，讲好乡村振兴故事。2021 和 2022 年，中央财政每年补助地方 3 亿元支持公共文化云建设项目、1.4 亿元支持全国智慧图书馆体系建设项目，为中西部脱贫县（团场）建设"公共文化云基层智能服务端"，丰富农村优质文化产品和服务供给，以乡、村两级为重点，鼓励公共图书馆通过 APP、小程序、微信公众号等新媒体平台提供移动图书馆服务。"扫黄打非""清朗"等专项整治行动深入推进，累计处置涉及违法违规信息传播网站 8.3 万个，有效遏制了农村地区互联网违法违规信息的传播，为农村居民特别是未成年人健康成长营造了良好的网络环境。

短视频平台通过深耕内容，进一步助推乡村文旅产业发展。短视频创作者前期创作的农村生活、农业科普、非遗技艺等内容，已经为农产品、农资农机销售和乡村文旅体验创造了合适的场景。在"短视频＋电商"领域，外景直播间设置在地方代表性的景观、特色建筑中，有的电商直播还同步展示地方非遗技艺，沉浸式展示商品及其背后的历史文化底蕴。这种方式拉近了消费者与产品、产地的距离，宣传推广地方文化遗产、民俗风貌和生态美景，有助于提升地方文旅品牌的曝光度和吸引力。一些短视频平台还从个人培训出发，逐步拓展到链接地方资源，围绕乡村风貌、美食特产、特色民俗、生产劳作等内容开展定向扶持与合作，推动乡村文旅融合发展。

（二）乡村网络文化生活精彩纷呈

互联网成为大家参与、体验中国农民丰收节的重要渠道，中央广播电视总台打造首台沉浸式网络丰收节晚会《2022 网络丰晚》。"三农"题材优质内容走俏城乡，《山海情》《幸福到万家》等乡村振兴主题电视剧、《家在青山绿水间——更好的日子》等纪录片闪耀荧屏。第三届"县乡长说唱移风易俗"节目在央视频移动网、腾讯看点等多个平台同步播出，观看人次超过 1090 万。"乡村网红"培育计划启动实施，采用微综艺形式发掘、培育了一批优秀乡村新型文化人才，推介了乡村文化和旅游资源，打造了《村里有个宝》《乡约》等品牌。"互联网＋"群众文化活动蓬勃兴起，2022 年元旦春节期间，国家公共文化云平台推出线上"村晚"专题，直播各地精选"村晚"127 场，线上参与人次达 1.48 亿。

"政府＋短视频平台＋本地人才"成为近年来乡村文化遗产、文化旅游数字化记录与推广的主要模式之一。乡村文旅、"村 BA""村超"等乡村群众性文体活动的火爆"出圈"，离不开短视频平台的助推，也离不开地方政府基于新媒体平台开展的宣传。2021 年，贵州省榕江县成立了新媒体助力乡村振兴产业园工作领导小组，通过持续性的免费培训，培养万名"村寨代言人"，征集本土主播入驻短视频平台。截至 2023 年，榕江县已有 1 万多个新媒体账号，群众自发拍摄赛事短视频并在互联网平台发布。贵州"村 BA""村超"比赛期间对民族文化、非遗、农特产品的宣传展示，有别于传统体育赛事体验，也是对新时代农民风采、乡村风貌、乡土文化的生动呈现。这些地方特色与亮点通过短视频传播得以扩大知名度，从而吸引各地观众来此旅游体验。截至 2023 年 8 月，"贵州村超""村 BA""贵州村 BA"这三个话题在某短视频平台分别创造了 85.3 亿次、39.2 亿次、19.1 亿次播放量。

（三）数字化助推乡村文化焕发生机

数字技术促进农耕文明的文化价值、社会价值、经济价值得到持续挖掘和释放。

许多"三农"短视频表现微观的乡村生活和自然环境，场景式呈现乡土文化魅力，建构"新农村新形象"。某短视频平台 2021 年发布的"三农"数据报告显示，最受欢迎的"三农"视频内容中，排名靠前的分别为农村生活、农村美食、"三农"电商、养殖技术等。很多网友在"三农"短视频中观赏乡村自然与人文美景，增加新奇体验，感受向往的诗意田园，放松心灵、舒缓情绪。

非遗记录工程利用数字多媒体等现代化手段，以口述片、项目实践片、传承教学片等形式，记录和保存包括农村地区在内的 489 名国家级非遗代表性传承人的独特技艺和文化记忆。中国传统村落非遗资源数字化持续推进，将具有重要价值和鲜明特色的乡村文化形态纳入国家级文化生态保护（实验）区整体性保护范围，2021 和 2022 年重点支持了 364 个中国传统村落的非遗资源保护数字化工作。截至 2022 年 6 月，中国传统村落数字博物馆已收集整理 6819 个传统村落基本信息，建设完成 658 个村落单馆，形成了涵盖全景漫游、图文、影音、实景模型等多种数据类型的传统村落数据库；中国历史文化名镇名村数字博物馆二期建设已完成辽宁、贵州、安徽、湖南 4 个省份的基础信息收集。"古村落＋短视频""非遗＋短视频"作品越来越受关注，以古村落风貌、传统民俗、非遗技艺为主要内容，展示农村文化遗产与乡土文明，与自然生态、农事生产等一同构成独特而又完整的村落文化场景。贵州苗族青年博主"乐天 Ryan"2022 年 12 月开始上传短视频专辑"记录 100 个中国非遗技艺"，采访非遗传承人，记录叶脉绣、龙头雕等非遗项目。返乡侗族青年、短视频创作者"村姑阿香"用镜头记录侗族美食、民俗与地方美景，带领侗族妇女共同传播侗族文化。一批批围绕乡村传统技艺、民俗、曲艺等非物质文化遗产题材的短视频，直观展示非遗及其应用场景，成为传统文化"出圈""破圈"的有效方式，为线上线下的"国潮热"注入活力。贵州省西江千户苗寨完整保存苗族原始生态文化，"赶海""接亲""庙会"等习俗颇受短视频用户喜爱。

五、乡村网络文化建设的未来

面对"数字乡村"战略实施的千载难逢的机遇，各级政府尤其是乡村基层政府如何抓住机遇，开启乡村文化建设新篇章、实现乡村文化振兴？

（一）制定科学规划

科学规划是成功的第一步。俗话说，机遇永远属于有准备的头脑。数字乡村战略对于乡村文化建设是重大机遇。抓住了，就能够实现乡村文化的快速发展，实现乡村文化振兴。如果抓不住，城乡文化差距将会进一步拉大。因为现阶段一些传统文化产业已经开始步入衰退之路，成为"夕阳产业"而不断被边缘化。相反，以数字技术为代表的新兴文化产业处在快速成长的发展阶段，未来空间巨大。数字文化产业取代传统文化产业成为文化产业主体、主流是大趋势。农村文化产业必须认清这一趋势，充分利用国家"数字乡村战略"带来的战略机遇。但这个机遇并不是轻而易举就能被抓住必须要有统筹规划，科学布局。没有规划，"脚踩西瓜皮，滑到哪里是哪里"，一副好牌也会打烂。地方政府和文化部门要充分重视数字文化建设的重要意义，加强对于乡村"数字文化"的顶层设计，把"数字文化"建设的内容纳入各地的"数字乡村"建设规划以及各地的文化发展规划之中，在各种规划中占有一席之地，充分体现"数字文化"的重要地位。必要时应当制定当地数字文化发展的专项规划。同时还要制定农村数字文化建设的指标和标准。主动加强与相关部门的沟通合作，建立工作协调机制，加强部门协作，为乡村"数字文化"创新发展创造良好条件。

（二）出台优惠政策

政策是生产力，也是竞争力。从某种意义上说，各个地方的竞争是政策的竞争。哪个地方政策扶持力度大，政策环境好，政策保障有力，哪个地方发展就快。绝没有哪个领域、哪个产业无缘无故地就能走在全省、全国的前列。乡村数字文化建设是个新生事物，尤其是起步阶段缺乏资金、技术、人才和可供借鉴的经验，因此离不开政策扶持。要制定出台扶持乡村"数字文化"发展的财政、金融、保险、融资、奖励、人才、土地等方面的优惠政策，为乡村数字文化内容创作、技术研发、产品开发、平台建设、产业项目提供必要的政策支持。发挥政府资金的引导作用，吸引更多的社会资金投入乡村数字文化建设。过去有不少省市都出台了扶持本省本市文化产业发展的政策，这些政策文本中包含有以数字文化产业为代表的新兴文化产业政策内容，对当地的数字文化建设起到了一定的促进作用。但在国家乡村振兴战略和数字乡村战略实施新形势下，做到这些还不够。形势发展对数字文化产业发展提出了新的要求，必须按照国家大战略重新定义乡村数字文化建设的意义、战略地位、承担的角色，制定出更加具体的、可操作的乡村数字文化发展的政策文本和实施细则，从而切实有效地指导乡村数字文化的规范、有序、健康发展。

（三）打造市场主体

乡村数字文化产业的发展需要培育一批具有较强市场生存和拓展能力的数字文化企业。没有企业和企业家队伍的成长壮大和积极参与，再好的战略也难以实施。数字文化产业在广大农村地区还是一个新生事物。人们对如何发展、如何做大做强的模式和规律还缺乏必要的了解和认识。不仅缺乏资金和技术，更缺乏团队和人才，企业起步和发展步履维艰。政府要为企业的创业创造必要的条件。当前尤其要优先发展与农村经济有密切关系的数字文创产业，如大数据、网络营销、网络直播、微信公众号、短视频等；要加大资金和政策扶持力度，鼓励以"三农"为内容的数字文化企业通过收购、兼并做大做强；大力扶持农村小微数字文化企业，鼓励其向"专精特新"方向发展，强化特色经营、特色产品和特色服务；要让数字文化企业下沉到乡镇甚至有条件的村；鼓励发展农村数字文化企业集群，充分发挥大企业龙头带动作用，通过生产协作、开放平台、共享资源等方式，支持上下游中小微企业发展，引导数字文化企业形成产业联动发展的格局；鼓励城市文化企业参与提供广大农村亟需的涉农数字文化产品和服务，或者到农村创新创业，在农村举办创客项目，打造众创空间，为农村文化企业成长"帮一把""扶一程"，实现城乡文创合作共赢。

（四）鼓励数字消费

要努力提升农村对数字文化的消费水平。支持"三农"题材网络文化优质内容创作，增加农村数字文化产品和服务的有效供给，补齐内容短板，丰富服务模式，扩大消费范围，提升消费体验，引领消费潮流，满足农村青年对现代生活方式的需求。大力创作与"三农"有关的数字音乐、网络文学、动漫、影视、游戏、直播等数字文化内容，形成有效优质供给；提高农村知识产权保护意识，培养用户付费习惯，普及网络支付手段，充分挖掘农村数字文化产品消费潜力和市场价值；规范数字产品和服务价格，确保农村居民对数字文化产品"用得起""用得惯""用得好"；推动农村数字文化产品和服务的智能营销、精准推动、虚拟体验、个性化定制等新型服务；完善农村公共文化产品和服务政府购买政策与机制，切实保障农村贫困人口和其他弱势群体的基本文化权益和文化公平；加强对乡村网络文化引导，提升乡村居民的网络安全和消费安全意识，依法打击农村非法宗教活动及其有组织的渗透活动，遏制封建迷信、攀比低俗等消极文化的网络传播，形成农村数字文化消费的健康环境。

（五）培养数字人才

数字人才包括数字管理、数据化处理、大数据、人工智能、数字产品研发、数字化运营、数字营销等方面的人才。人才是成功之本。专家认为，在数字经济时代，数字人才已经成为"中国经济数字化转型的核心驱动力"是影响中国社会经济发展进程的重要因素。当前农村数字文化人才奇缺，现有人才远远满足不了"数字乡村"战略要求，这是农村数字文化建设最大的短板。各地应该把打造乡村数字文化人才队伍作为"数字乡村"战略的重中之重。加大人才培养力度，创新人才培养模式，开展人才实训和交流，培养兼具文化内涵、技术水准和创新思维的数字文化人才队伍。出台优惠政策，鼓励城市志愿者队伍、专家、学者等外脑为乡村数字化建设献计献策；鼓励大学生在农村数字文化产业领域创新创业。加强农村居民的信息素养和数字素养培训。开展信息化人才下乡活动，加强对农村留守儿童和妇女、老年人网络知识普及。为了迎接即将到来的"数字农村"，当前尤其要重视乡村数字文化创意人才队伍的培养，培育乡村"创意阶层"，从人文环境、空间的便利性、文化基础设施、参与性体验、知识产权保护、在职培训等方面，为乡村"创意阶层"提供更加具有吸引力的生活和创业环境。

第四节　乡村数字治理

【导语】

乡村振兴的数据化、数字化应用为国家高质量治理奠定了坚实的基础。乡村振兴离不开数字乡村建设，二者相辅相成。数字乡村建设为乡村振兴、农业现代化贡献了重要力量。

一、乡村治理新模式

（一）乡村治理模式提出的时代意义

实施乡村振兴重大战略要坚持党管乡村工作基本原则，优先发展农业和乡村农民的主体地位，坚持乡村全面振兴、城乡融合发展，注重人与自然和谐共生，因地制宜、循序渐进，坚持改革创新、激发活力，为乡村振兴提供制度政策保障。同时，乡村振兴战略强调了要巩固和完善乡村基本经营制度，加强乡村基层基础工作建设，实施数字乡村建设发展工程，加强乡村公共服务、社会治理等数字化智能化建设，推进乡村数字治理等方面的重要作用。我国农村人口基数大，"三农"问题一直是关乎国计民生的大事，我国发展不平衡不充分的问题在农村地区尤为突出，因此推进乡村数字治理，推动乡村振兴的实现，是解决我国社会主要矛盾、立足第一个百年奋斗目标、迈向第二个百年奋斗目标和中华民族伟大复兴中国梦的必然要求。这不仅具有重要的现实意义更将产生深远的历史意义。

（二）乡村数字治理模式的概念

2019年《数字乡村战略发展纲要》指出，数字乡村是伴随网络化、信息化和数字化在农业农村经济社会发展中的应用，以及农民现代信息技能的提高而内生的农业农村现代化发展和转型进程。专家从"技术－权力"的角度，分析数字技术驱动下乡村权力关系、社会机制和公私领域的演变内涵；从"技术－制度"的角度，研究数字技术与治理制度的互构内涵，包括治理理念、制度规范、组织网络等内涵的理解。在此基础上，对乡村数字治理的概念界定如下：乡村数字治理是指在现代信息技术的驱动下，以县域为治理单元，统筹推进大数据、物联网、云计算等技术在数字党建、互联网政务、惠民服务、智慧农业等方面的运用匹配和融合，从而实现乡村公共事务的精细化治理，智能化应对与科学化决策，推动乡村治理机制的重构和农业农村数字化转型。

其具体包含三个层次：在微观层次上，乡村数字治理作为一种新的治理工具，更多地体现在数字技术对乡村多元治理主体的赋能和影响；在中观层面上，它可以作为乡村治理的一个治理过程，其表现在数字技术与政务、农业等各个乡村场景的匹配、融合和共生；就宏观层面而言，它可以被看作是一场治理手段的变革，通过数字技术对乡村原有治理结构和权利制度进行重构，并最终完成对乡村社会的数字化改造。

（三）乡村数字治理模式的价值与趋势

随着数字技术手段的广泛运用，数字化、信息化潮流正在快步前进，国家对于"三农"问题的重视，以及迎接数字信息技术对传统乡村地区治理等方面的挑战，都亟须实施乡村数字治理。加快乡村地区的数字化、信息化发展，有利于提升乡村治理数字化、智能化水平，推动乡村振兴的实现，而且对于推进国家治理体系治理能力现代化具有重要意义，在百年未有之大变局背景下，面对世界经济下行压力，乡村数字治理能够最大限度挖掘乡村经济潜力，探索国家经济增长新动能、新方向，推动中华民族伟大复兴中国梦的实现。

（四）乡村治理模式——智慧党建

党建智慧化是提高基层，特别是农村治理的重要途径。农村智慧党建平台的建设可以通过数字化赋能，创新基层党建工作的内容和管理方式，构筑农村党建线上管理、学习新阵地，助力农村党组织建设向精细化、智能化和系统化转变。

通过建立"党建引领、智慧治理"一网通办综合服务平台，可以有效推动基层为民服务的全程一站式管理，形成了上下贯通、横向融合联动、全员参与、快速响应的运行机制，实现乡村服务同群众的"零距离"接触，使群众的获得感、幸福感、安全感得到不断提升。

建立网格党小组，根据党员组成定责设岗，村里大事小情均通过党建引领智慧治理指挥平台进行"一键"办理，打破了时空限制，提升了服务效能，把社会治理工作的触角真正延伸到百姓的"家门口"。

1. 整合平台实现服务村民"零距离"

打造乡村治理"一张网"，建立智能化乡村治理。通过网上综合服务平台，创新建设手机 APP，建立全域型的调度指挥，形成上下贯通、双向联动的

快速响应机制。同时，线上建立在职党员进乡村、随手拍等服务模块，构建"百姓诉求、立即回应""企业需求、党政呼应""基层请求、部门必应""综合指挥、联动反应""上级号召、全市响应"的工作模式，提升办事效率，优化营商环境。

通过推进乡村治理精细化、精准化、智慧化，构建起县、镇、村三级网格化的管理体系，具化镇（街道）基本单元网格，强化网格员配备，通过每人确定的至少一个网格作为工作联系点，定期调研指导网格治理工作。

建设乡村便民服务体系，深化农村为民服务的全程代理。健全县行政审批（政务服务）中心、镇便民服务平台、村代办点的三级服务网络，规范了镇街、村政务服务事项办事指南和工作规程，通过实行"马上办、网上办、就近办、一次办"的工作模式，提升服务群众的能力和水平。

整合智慧城市平台、网格管理服务等平台，利用线上 APP，打造上下贯通、横向联动、全民参与、快速响应的运行机制，做到"多点上报、一键督办、接诉即办"，实现服务群众"零距离"。

2. 制度创新确保各项服务落实落地

"智慧党建"赋能"智慧乡村"，强化制度体系的建设，配套制定并构建以党建为总引领，治理智慧化为抓手的党建工作格局的实施方案、出台相关机制实施方案，加快完善矛盾纠纷排查预警和多元化解等相关体制机制及线上综合信息平台政务数据资源共享管理办法等具体相关配套文件，从顶层设计上完善乡村治理的制度体系，有效引领信息化、智能化和改革创新为乡村发展、社会进步、经济提振、村务规范等各个方面赋能助力。

推广在乡村治理中运用"清单制"做法，制定村级公共服务事项清单等制度。推动村级事务在阳光下运行，发挥大数据和"互联网+"的作用，通过线上 APP 发布，变"墙上"公示为"网上"公开，村里的"大事小情"更加透明，便捷了老百姓对村级重大事项决策及落实情况的监督。

坚持线上与线下相结合，充分利用5G、大数据、区块链等先进技术，统筹整合全市"智慧党建""网格化信息平台""数字城管""一体化政务服务平台""视频监控平台"等信息系统，打造"党建引领、智慧治理"网上综合服务平台，建立具有云存储和云计算能力的政务大数据中心，建立统一的政务数据交换平台和基础数据库，实现了各类政务数据的高效整合，构建共建共治共享的基层治理新格局，使广大群众在"手机上""屏幕里"就能参与到基层治理之中。

结合一网通办综合服务平台，推动基层为民服务全程一站式代理，形成了上下贯通、横向联动、全民参与、快速响应的运行机制，镇、村政务服务事项办事指南和工作规程进一步规范，"马上办、网上办、就近办、一次办"的工作效果愈加显现，实现了乡村服务群众"零距离"，群众获得感、幸福感、安全感不断提升。

口袋卡

乡村数字治理的实践意义

数字乡村治理将有效提升乡村基层治理能力与治理水平。数字技术赋能乡村治理，是实现乡村振兴的重要举措，是提升乡村治理能力的重要基础。第一，数字乡村治理将有效提升乡村治理效率。第二，数字乡村建设有助于提升群众参与乡村治理的参与感与幸福感。第三，数字乡村治理提升乡村治理效率。

【典型案例】

张家村路边彩砖破损啦！

2022年12月28日9时41分，盘锦市盘山县太平街道张家村网格员孟晴收到群众通过"智慧盘山"APP"随手拍"功能反映的情况和拍摄的照片后，第一时间通过手持终端向街道指挥中心上报，街道指挥中心接单后，根据问题性质和具体情况，立即将任务派单给街道城市管理办公室办理。

次日下午4时，街道城市管理办公室发布"任务已维修"，并上传了维修完毕的实景图片。

问题快速解决，得到群众纷纷点赞。

如今，盘锦市以"党建引领、智慧治理"为主线，整合智慧城市平台、网格管理服务等平台，利用"智慧盘山"APP，打造上下贯通、横向联动、全民参与、快速响应的运行机制，做到"多点上报、一键督办、接诉即办"，实现服务群众"零距离"。让信息化智能化和改革创新为乡村社会进步、经济发展不断赋能助力。

（五）乡村治理模式——"互联网＋政务服务"

在新时代，互联网信息资源为"三农"经济的发展提供了巨大的便利。通过将互联网的资源与政务、商务三个方向相结合，能够有效地改善传统"三农"发展中的一些弊端，运用互联网技术将"三农"经济体系中的资源进行整合，实现农业增长、农村稳定以及农民增长的农村经济健康发展趋势。"三农"的发展涉及的问题众多并且十分复杂，涉及经济、文化、社会以及生态等多方面内容，每个方面都有独特的发展道路和特点，如何做到多领域的协调发展，助力"三农"是现如今所面临的发展难题之一。互联网领域的蓬勃发展为这一难题提供了发展的方向。

互联网技术具备高效整合资源的能力，能够为"三农"问题的有效解决提供多种方案和手段。互联网通过与政务、服务、商务三方面的结合将互联网信息技术渗透到"三农"领域的各个方面。通过互联网技术将农业经济、农村文化、农民社会以及农业生态等多方面有机结合，从科技领域上服务"三农"，使得农业生产环节可以提档增速，完善农业生产链，帮助农民在农业生产的各个环节及时获取农业信息以及市场信息，实现信息化管理，同时，互联网技术也可以应用于农业生产过程中，将农作物的生长信息通过互联网共享到农民终端，完善互联网服务"三农"的基础建设，从政务、服务以及商务三个方面助力"三农"服务，实现农业增产、农民增收以及农村发展，用互联网技术推动我国农业经济的升级与转型。

1. "互联网＋政务"服务"三农"

强化互联网技术在"三农"发展中的应用。"互联网＋政务"是服务"三农"模式中的重要板块，通过互联网将政务资源运用于"三农"发展的每个方面，跟紧政府规划的发展路径，结合职能部门的帮助，实现农民的各项需求，提供互联网智能化的助力"三农"服务。

首先，"互联网＋政务"服务"三农"能够帮助农民及时掌握乡村振兴相关的重要政府文件，帮助农民实时了解国家最新的扶贫战略动态，这也是国家对于"三农"发展的指导方向。

其次，"互联网＋政务"服务"三农"的模式还可以帮助农民解读相关政策中的重点信息。当前，我国农村地区中依旧存在部分文化水平较低的群体，对于国家颁布的政府文件解读并不全面，在传统的"三农"发展模式中，这样的情况会导致这部分农民群体无法实时了解国家动态，无法跟上农村经济发展的脚步，从而减少经济收益。"互联网＋政务"的模式可以帮助农民解读政府的相关政策。例如，安排专业人员将政策的制定背景、制定依据、制定意义、制定过程以及政策的主要目标、主要内容以及保障措施等通过各种传播载体解读给农民群众，在网络上公开政策的详细解读内容，便于农民群众增加对国家政策的了解，使得政策能够真正落实到"三农"的实际发展中。

最后，"互联网＋政务"服务"三农"的模式还可以监督政府政策的贯彻落实，监督政府工作人员切实为农民群众服务，真正为"三农"发展提供助力。政府工作人员可以将阶段性的工作进度通过互联网信息面向广大农民群体公开，接受公众的监督，做到切实命中农民群体的实际需要与关切，助力"三农"领域的健康发展。

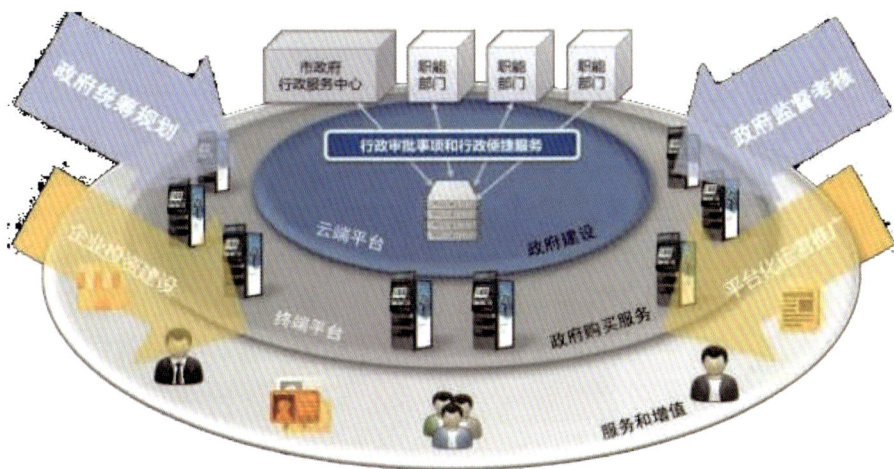

2. "互联网＋服务"服务"三农"

互联网技术能够为农民的生产生活提供很多便利，助力"三农"领域的发展。为加强农村经济体的建设，我国金融行业结合互联网技术为农民群众提供了便利的金融服务。央行发布的《中国农村金融服务报告》中指出，在互联网技术的支持下，我国农村地区的金融体系建设日益完善，金融服务的覆盖面不断扩大，服务的渠道也日益增多。

互联网技术还可以为农民群众提供更加便利的农业生产技术服务，提高农村经济的综合生产能力，扩大生产规模，助力"三农"发展。互联网技术可以帮助农民群体解决可持续生产动力不足的问题。在传统的"三农"发展中，大多数农民的农耕技术都是由一辈传一辈的亲身相传的方式来学习，对于农耕技术中的原理以及技术并不是十分了解。因此，让其年复一年地按照祖辈传下来的农耕技术来进行农业生产并没有太大的问题，但是如果让其在此基础上进行技术创新则可能存在一定的困难。而互联网技术的融入可以有效解决这一难题，为农民提供更加便利的技术服务，助力农业生产的发展，加快农村地区的建设，为"三农"发展提供强大助力。互联网是一个将各方面信息进行有效整合的信息平台，农民群体可以在互联网平台上学习到自己需要的农业生产技术。

除此之外，互联网技术还可以为农民的日常生产提供很多便利服务。近些年来，互联网技术发展迅速，研发出了很多应用于人们日常生活的科学技术。在"三农"领域的发展中也不例外，互联网技术为农业生产提供了智能生产系统。

3."互联网+商务"服务"三农"

商务运作是农业生产中十分重要的环节，与农民得到的切实利益息息相关。在传统的"三农"发展中，商务部分大多仅仅是一环扣一环的销售模式，农民将农作物销售给代理商，再由代理商销售给各大农作物加工厂，进行二次生产，通过销售渠道供给到各大商场，最终面向消费群体。这样的商务销售模式的中间环节过多，中间商在保证其利润最大化过程中赚取了很多额外费用，使得农民的经济利益被压缩，为"三农"的健康发展造成了阻碍。在互联网技术的支持下可以有效改善这一困境，为农业生产的商务过程提供新的方向。

　　"互联网＋商务"的服务模式将农业生产中的生产环节与销售环节相结合，能够改变传统的农作物销售模式，拓宽销售面，降低销售成本，为农民群体带来更大的经济利益，助力"三农"发展。在互联网技术的支持下，农民不再仅仅负责农业生产，而是可以将农业生产与农产品销售有机结合，就消费者而言，电商平台的商务模式可以了解所购买的农产品的种植过程，吃得更加放心，农民也能够省时又省力。

　　除了销售渠道的增多之外，"互联网＋商务"的服务模式还可以助力农村地区的旅游业发展。农民可以通过互联网平台宣传本地的特色，打造独特的乡村生活品牌，吸引外地游客前来游玩，带动农村地区旅游项目的发展，为农民增添新的利益渠道，降低了农民"靠天吃饭"的生存风险，为农民的生活提供新的保障。打造本地特色品牌还可以拉动农村地区的地域经济发展。因此，"互联网＋商务"的模式可以为"三农"领域的发展提供了新的机遇，助力改善"三农"发展困境。

　　互联网领域的蓬勃发展为"三农"领域的发展提供了新的发展方向，通过"互联网＋政务服务商务"的模式为实现农业增产、农民增收以及农村发展提供更加便利的服务，助力"三农"发展道路的升级转型，促进农村经济社会的发展，进而为我国社会稳定以及中华民族伟大复兴事业提供后备保障。

【典型案例】

齐齐哈尔市泰来县：运用"互联网+"思维 探索电商发展新路径

泰来县以优质农产品上行为重点，整合资源，破解困境。2019年开展国家电子商务进农村综合示范升级版项目，依托生态、产业等资源优势，创新发展模式，县域电商呈现快速发展良好势头。

一是以物流体系为核心，打造农村电商引擎。建设智慧物流分拣中心。二是聚焦电商发展"六大体系"，探索发展新路径。打造电商公共服务体系，解决"服务"问题。三是打造优质电商，电子商务进农村升级。四是响应政策，助力消费扶贫。

截至2023年11月，实现注册网店2045家、微店3万余家、注册电商企业463家，线上交易额突破4.3亿元。物流往来更加顺畅，快递包裹收发件总量194.98万件，实现了贸易顺差。农产品下行实现了免费配送到乡村，打通了"最后一公里"，农产品上行实现了提速降价，物流成本下降了1/3。发展电商创业典型，实现带贫脱贫。

（六）乡村治理模式——网上村务管理

随着互联网特别是移动互联网发展，社会治理模式正在从单向管理转向双向互动，从线下转向线上线下融合，从单纯的政府监管向更加注重社会协同治理转变。要强化互联网思维，利用互联网扁平化、交互式、快捷性优势，推进政府决策科学化、社会治理精准化、公共服务高效化，用信息化手段更好地感知社会态势、畅通沟通渠道、辅助决策施政。随着国家各项改革的不断深入，社会矛盾日益凸显，农村作为社会治理的重要战场，如何有效运用互联网实现农村治理模式的转型显得尤为重要。

1. 村务治理电子化相关概念

王宏禹提到，电子村务在学术界用得还不是很多，它是随着电子政务的不断发展而出现的名词。电子村务是在根据农业信息化的需求，针对我国经济较发达地区农村的实际情况，提出的建设农村信息化的概念，它的本体是电子政务，它是电子政务在农村的延伸。电子村务是在因特网的技术应用和传统信息技术系统的丰富资源相结合的背景下，通过计算机和网络实现村务管理以及信息服务的现代化，能够为村民提供优质、规范、透明的信息服务系统，它的主体是电子政务在农村中的应用和延伸。王甘茹提出电子村务的概念：电子村务是由基层政府组织管理，向农民提供包括政务管理、农业经济、社会服务、生态环境在内的"四位一体"的网络信息互动平台。

村务治理电子化能够依托现代信息技术和网络技术，实现各项村级事务管理的电子化，为村民提供更便捷更高效的信息获取和交流互动平台。其中包括农村土地电子化管理、农村"三资"电子化管理、农村财务电子化管理、农村公共事务与公益事业电子化管理、农村治安电子化管理。

其现实优点是，村务治理电子化能够有效提高村民自治水平；村务治理电子化可以实现农村外出务工人口参与到村务治理的相关需求。此外，村务治理电子化可以预防农村基层干部腐败。

2. 村务治理电子化与基层党建的关系

村务治理电子化创新发展，村民是主体，党的领导是根本保证。要坚持以党建引领为核心，以党建凝聚人心、汇聚力量，推进各项工作顺利开展。第一，要充分发挥基层党组织引领作用和主导作用，发挥党组织的政治优势和协调优势，明确发展方向，加强基层党组织建设，着力打造基层党建示范点，提升党组织指导村务治理工作水平。第二，基层党组织要以更有力的举措和务实的作风深入开展主题教育，提高思想认识，严抓村党员干部队伍建设，定期开展党内组织生活，确保党员队伍的纯洁性和先进性。第三，上级党委要认真指导村委制定整顿工作方案，积极开展软弱涣散整顿工作，引导村干部和群众将思想和行动统一到上级党委的决策部署上；针对"重视程度不够"问题强化统筹、明确时限，层层压实责任。第四，要注重抓好村党支部书记的管理，切实发挥好带头人的作用，在行政村建立一批高素质、专业化的党员干部队伍，夯实党在农村的组织基础。第五，以党群综合服务中心为枢纽，构建多元联动工作模式，坚持以基层党组织为核心，构建群团组织、社会组织为依托的群众自治圈，凝聚各方力量，共同推进村务治理电子化发展。

3. 村务治理电子化能够全面提高农村人口的综合素质

我国农民受教育程度大多偏低，受传统观念的影响，参与村务治理的积极性不是很高，但是随着惠农政策和乡村振兴的推进，加上农民生活水平的提高以及电子化治理平台的普及，广大农民群众愈发渴望参与乡村治理，但农民的综合素质严重制约了村务电子化治理平台的接受程度和使用水平，为此要全面提高农民的综合素质才能适应村民自治的新需求。第一，要遵循农民特点和成人教育规律创新农民教育培训模式，现场教学和远程教学相结合，开展多层次、多形式农民教育培训，增强农民的科学文化水平，提升农民的自治意识和法治意识，拓宽农民的知识领域，引导农民群众熟练使用智能化电子产品，扎实培养农村实用人才和领军人才。第二，要加强发展农村教育事业，尤其是农村义务教育。第三，积极搭建农村人才发展平台，促进高校毕业生到乡村服务和工作，为乡村发展引进和储备优秀高校毕业生，同时建立好高层次人才评价体系，优化乡村人才发展环境，充分发挥乡贤的积极影响力，引导各类人才返乡下乡投身乡村建设。

4. 村务治理电子化可以强化系统技术改进与优化升级

村民对电子化平台的接受程度关键看村民对平台的信任程度，电子化平台在村务管理工作中要想切实实现深层次良性互动，必须有一套技术改进与安全保障的管理机制，要以漏洞为核心，注重引进高校、企业专业人才，学习借鉴信息安全管理先进技术，整合政府各类资源，多措并举，加强信息泄露、网络入侵、APT攻击等安全问题防范，提高平台使用的整体效能。

5. 村务治理电子化能够有效增强村委干部的民主意识

近年来，随着我国农村基层民主政治建设的深入推进，村民的民主意识不断增强、民主素质也逐渐提高，这也对村干部提出了更高的要求，务必要提高村委干部的民主意识。首先要对村干部进行经常性的思想教育，引导村干部树立群众观，强化村干部"权为民所用、情为民所系、利为民所谋"的为民服务意识，把群众的意愿和呼声作为想问题、办事情的出发点，关注民生、倾听民声、解决民怨。其次要重抓村干部的教育培训。一方面要鼓励村干部积极参加函授教育、网络教育，进一步提高文化水平；另一方面，乡镇（街道）牵头，通过开展村干部培训班、村务工作交流会等形式进一步提高村干部的政治理论素质和业务素质。

6. 村务治理电子化能够强化村务公开制度的"上下"监督

村务公开是线上管理平台的主体功能，村务公开制度作为一项重要的基层民主制度，贵在坚持，重在落实。建立健全监督检查体系是村务公开制度落到实处的重要保证，要着力强化村务公开制度的"上下"监督。一要强化乡镇（街道）的督导作用，狠抓村务公开监督体系的建设。乡镇（街道）应成立村务公开工作领导小组，加强对村务公开工作的指导，实施定期不定期检查制度、考核奖惩制度，细化督查方案，明确督查项目和具体检查内容，及时反馈检查结果。二要强化村务监督委员会监督职能。各行政村要落实好村务监督制度，充分发挥村务监督委员会的作用，对村两委在党的方针政策执行情况、对村民会议和村民代表会议决议执行情况，财务、党务公开情况、工程项目建设情况、重大事项决策"四议两公开"执行情况、集体资产运营情况等都要进行实时监督。要充分利用各种方式和渠道，在农村广泛宣传村务公开的要求和标准，筑牢村民的主人翁意识和民主法治意识，在农村形成一种人人监督的氛围，促进村务公开规范化，推动村务公开工作健康发展。

7. 村务治理电子化可以进一步推进完善村民自治制度

自《村民委员会组织法》施行以来，国家共进行了两次修订，村民自治体系逐渐完善并取得一定的进展和成效，促进了农村的和谐稳定发展，但是针对现实中的实践困境我们必须与时俱进地对村民自治制度进行发展和完善。

2019年6月，中共中央办公厅、国务院办公厅印发的《关于加强和改进乡村治理的指导意见》中提到要全面实施村级事务阳光工程，规范村级组织工作事务，推广村级基础台账电子化，建立统一的"智慧村庄"综合管理服务平台，到2035年乡村治理体系和治理能力基本实现现代化。

【典型案例】

浙江省宁波市象山县：搭建线上"村民说事" 畅通群众议事协商渠道

象山县针对现有"村民说事"制度流程中存在的短板不足，坚持问题导向、需求导向，创新推出"线上＋线下"模式，推动"说议办评"数字化升级、全闭环运行，实现"群众说得出、决策议得好、事情办得实、成效评得准"，走出了一条党建引领、村民主体、"四治"融合的乡村善治之路。

象山县位于浙江省东部，辖10镇、5乡、3街道、366个行政村，常住人口56.9万人，其中乡村常住人口21.9万人。近年来，象山县积极探索"村民说事"制度迭代升级，把解决群众议事协商"六难"问题作为突破口，对村级事务治理进行流程再造、制度重塑、业务协同，探索开发"象山村民说事"线上应用系统，实现村级事务"说议办评"线上线下融会贯通、整体闭环。自2021年6月上线以来，已在全县18个镇（乡、街道）、36个行政村落地推广，注册村民2.3万人，日均用户活跃度1300人次，累计召开线上线下说事会38 627次，收到各类议题6.2万余项，解决率96.4％，群众满意率95.6％，农村信访数下降31％。

象山"村民说事"系统

办理流程图

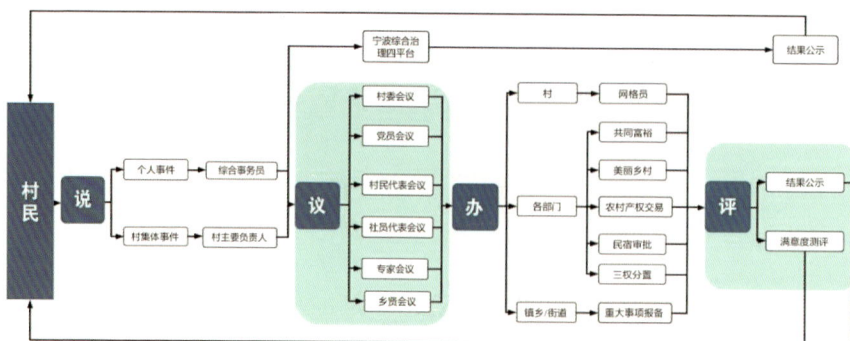

（七）乡村治理模式——基层综合治理信息化

习近平总书记指出："当今世界，信息技术创新日新月异，数字化、网络化、智能化深入发展，在推动经济社会发展、促进国家治理体系和治理能力现代化、满足人民日益增长的美好生活需要方面发挥着越来越重要的作用。"2023 年中央一号文件要求深入贯彻实施数字乡村发展行动，推动数字化应用场景与乡村建设进一步融合，充分说明了随着数字技术的发展完善，网络信息技术在各个领域的应用取得良好成果，数字技术逐渐成为乡村治理的重要手段，对构建乡村治理新格局，提升乡村治理能力具有不可替代的作用，对实现乡村振兴的目标具有重要意义。

1. 数字乡村治理对于构建乡村治理新格局具有重要意义

数字乡村治理将有效提升乡村基层治理能力与治理水平。数字技术赋能乡村治理，是实现乡村振兴的重要举措，是提升乡村治理能力的重要基础。第一，数字乡村治理将有效提升乡村治理效率。通过乡村治理数字化，助力乡村基层组织通过互联网等数字技术进行基层管理。第二，数字乡村建设有助于提升群众参与乡村治理的参与感与幸福感。人民群众是乡村治理的主体，充分发挥数字乡村治理的效能更要尊重人民群众的主体地位。第三，数字乡村治理提升乡村治理效率。我国农业人口数量多，农村地区由于产业发展限制，人口流动性大，导致农村地区人口治理较为困难，因此加强流动人口与乡村之间的联系成为乡村治理的重点工作。

2. 数字乡村治理迎来前所未有的发展机遇

大数据、互联网等信息技术的普及，不仅改变了人们的生活方式，也改变了当前国家的治理方式与生产方式，随着乡村振兴战略的持续推进，通过数字信息技术治理乡村、发展乡村逐渐成为共识，而数字和互联网技术的日趋成熟，数字乡村建设与数字乡村治理迎来了良好的发展契机。第一，互联网与数字技术逐渐在农村地区普及。农村地区互联网普及率相较于城市地区发展滞后，但是当前随着数字技术的应用日渐广泛，乡村振兴战略的进一步推进，已有不少信息技术相关企业将投资的目光投向农村地区，将现代信息技术、互联网、人工智能等与农村地区特有的自然条件相结合，发展电子商务、智慧农业等，推动农村地区产业现代化发展。第二，政策支持为数字乡村治理保驾护航。2018 年中央一号文件首次提出数字乡村战略；2019 年 5 月，中共中央办公厅、国务院办公厅印发了《数字乡村发展战略纲要》，指出要发挥信息化在推进乡村治理体系和治理能力现代化中的基础作用，构建乡村数字治理新体系；2020 年启动数字乡村试点；2022 年发布《数字乡村发展行动计划（2022—2025 年）》中，对数字基础设施升级行动、数字治理能力提升行动等作出详细部署，充分表明了当前农村地区数字化治理的必要性，也说明了在当前各项政策的大力支持下，当前发展数字乡村治理迎来了良好的发展契机。

3. 数字乡村治理过程中面临的问题

首先，数字乡村治理人才短缺是数字乡村建设面临并亟须解决的一个重要问题。推动数字乡村治理离不开人才队伍建设，但是目前我国农村地区面临着严重的人口外流问题，导致具备数字技术、治理能力的复合型人才严重短缺。其次，传统农业发展方式为数字化治理带来阻碍，乡村产业发展是乡村产业振兴的重点，处理好农村产业发展与数字经济发展之间的矛盾，是推动数字乡村治理的关键，但是当前农村地区产业数字化受限于传统的小农思想限制，对数字技术的应用进展缓慢，数字治理方式相对落后，导致产业数字化的进程都面临着衔接不畅的问题。再次，农村地区的发展现状给数字化治理带来难题，农村人口占我国人口的大多数，且农村地区相对闭塞，乡情的特殊性也为数字化治理的推进带来了不小的挑战。

因此，亟须打造建立基层组织管理新模式。

要充分发挥基层组织的引领作用，创新基层治理模式。推动数字乡村治理，关键是要完善农村数字基础设施建设，打牢数字乡村建设的基础。乡村治理是乡村振兴的重要举措，而数字乡村治理是保证乡村治理能力现代化的关键。推动数字乡村治理，首先应培养健全的数字治理人才。农业是农村地区的主要产业，在数字乡村治理模式下，农业产业数字化改革显得尤为必要。

【典型案例】

"数字综治"进乡村 四川宜宾兴文全面推进县、乡镇、村社三级智慧综治中心建设

2022年1月，四川省委网信办正式印发《四川省第二批数字乡村建设典型案例选编（2022）》，从综合建设、基础设施、智慧农业、新业态、基层治理、数字文化、信息惠民、生态环境、农村普惠金融等九个方面，遴选了48个典型案例。其中，"宜宾市兴文县：'数字综治'进乡村，夯实治理助振兴"入选基层治理类典型案例。

兴文县以"智慧兴文"建设为目标，充分利用"互联网+"优势，整合社会治理资源，坚持"建机制、搭平台、组队伍、优服务"四向着力，全面推进县、乡镇、村社三级智慧综治中心建设，推动基层社会治理架构、治理方式、治理手段智能化再造，以"数字综治"建设助力乡村振兴，不断提升全县基层社会治理能力水平。

目前，通过坚持科技助力、数字赋能推进平安乡村建设，该县已实现全县12个乡镇、178个村社区"智慧综治中心"全覆盖运行。

（八）乡村治理模式——乡村智慧应急管理

1. 乡村智慧应急管理的时代背景与意义

随着信息技术的快速发展更迭和大数据时代的到来，信息技术不可避免地改变了人们的生活方式。近年来，国家对推进基层应急管理体系和应急管理能力现代化提出了新的要求，对信息技术的掌控能力成为衡量国家基层应急管理能力现代化的重要因素。农村应急管理是国家应急管理体系的重要组成部分。加强和改善农村应急管理，不仅能够为农民生活带来更大的安全性和稳定性，同时也是我国推进社会主义现代化治理体系的重要组成部分，在当前我国全面推进乡村振兴，促进共同富裕的大背景下具有十分重要的意义。

党的十九届五中全会提出，大力发展农业农村，全方面推动乡村振兴。

这是我国在社会主义新时期作出的重大部署，对于有效解决"三农"问题，建设魅力乡村，促进共同富裕具有非常重要的意义。同时，这也是今后一段时期的重点工作任务，要求必须促进城乡协调发展，加快农业农村治理体系和治理能力现代化建设。

2. 乡村智慧应急管理概念的提出

新一代信息技术的概念最早提出于"十二五"规划期间，在当时该定义分为六个方面，都比较具体，不仅包括集成电路、显示平板等实体，还包括通信网络、物联网、云计算软件等虚拟技术。随着互联网技术的不断发展成熟，新一代信息技术内涵不断丰富，又包含了云计算、区块链、大数据、人工智能、5G等。

根据我国的"一案三制"的有关内容，可以完善应急管理机制的相应制度，我国的应急机制的建立并非一般的制度，而是与国家部门具有密切联系，其中"一案"指的是国家预案体系，对于具有发生潜在可能性的事件进行预案，并且对于事件发生后的应对以及处理方式进行事先的安排。"三制"指的是内在运行制度，即应急管理机制在实际的工作运行中，需要有客观的规律加以指导，并且形成相应的管理机制、运行机制以及法制，从而达到良好的实践效果，切实保障民众的安全，防止突发事件造成恶劣的社会影响。

因此，可以从以下的角度对应急管理机制进行理解：从本质角度入手，应急管理机制的制定是要根据我国的法律规定，要在法律的框架中实施，建立相应的应急措施流程，可以展示应急管理体系中各组织之间的互动及其内部关系。从操作流程角度来看，以应急管理全过程为主线，包括多个环节，在突发事件发生前应当做好相应的预防工作以及防止社会动乱的监管工作，在突发事件发生后应当要及时进行救援，同时要保障民众的生活能够恢复正常的秩序。

3. 乡村智慧应急管理现状分析及存在的问题

目前，中国的经济、社会正在发生新时期变革，经济、社会正在快速发展，在这个过程中，许多历史遗留问题仍未能得到解决。突发事件包括自然灾害、社会安全事件、生产经营案件、公共卫生案件、公共交通案件等，涵盖到人们日常的每个部分。这些突发事件往往发生在基层当中，多起事件由小变大，积薄而为厚，并伴随着具有冲击性的突如其来的灾害，这是对中国各级政府，尤其是基层政府应对能力的重大考验。实际上，全国成千上万的乡村，只要建设完善的应急管理机制，就可以避免许多重大突发事故的发生。

农村应急管理中信息技术服务中也存在一定的问题，如信息沟通机制较为传统、监测预警机制不健全、政策保障机制不完善、协调联动机制不健全、善后恢复机制不完善、医疗卫生保障机制较弱等，究其原因，主要受应急管理体制机制不完善、信息化设施条件制约、信息共享能力不高等方面影响，因此要完善检测预警机制建立应急联动机制、落实应急管理评估机制、提高应急物资保障能力、加强应急避难场所建设、加强应急管理队伍培养、加强宣传教育、建设应急信息共享平台等方面相关体制机制。

4.乡村智慧应急管理的重要性

应急管理制度的重要性不言而喻，其是政府机关在应对突发事件的重要制度，是指导政府行为的重要依据。应急管理制度在突发事件的全过程中均能够发挥有效的作用，是有效解决突发事件的有效举措，也是实现全国统一应对的重要渠道，对于救助资源的配置能够起到较好的效果，从而达到最大的应急管理效果，保障民生安全。

乡村振兴离不开乡村安全和技术发展，相信随着我国乡村振兴战略的不断深入，农村的经济发展得到较大提升，未来信息技术服务将会覆盖到湖北省乃至全国的广大农村地区，为农村的应急管理提供更加科学、精准、高效的设施设备和技术手段。

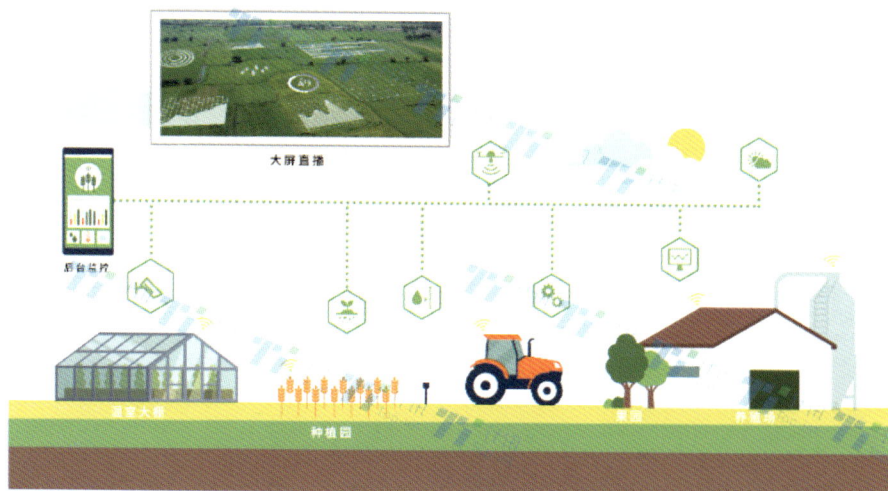

二、数字乡村治理现状

新时期，国家出台的有关政策推动着数字乡村建设不断迈上新台阶，数字基础设施建设也已经覆盖到中国农村地区。截至 2022 年 6 月，实现了农村互联网基础设施建设全覆盖，有力促进农村地区互联网普及率稳定提升，为数字乡村治理打下坚实基础。

《国务院关于加强数字政府建设的指导意见》把坚持"以人民为中心"作为基本原则之一，指出要始终把满足人民对美好生活的向往作为数字政府建设的出发点和落脚点，坚持数字普惠，让数字政府建设成果惠及全体人民。

乡村振兴和数字乡村治理之路道阻且长，随着数字乡村建设从试点地区逐步扩展到其他乡村地区，逐步建立健全现代乡村社会治理，乡村中社会关系和社会结构都在被重建，数字技术日渐嵌入到乡镇政府与乡村居民的生活当中。在新时代背景下，建立"以人民为中心"的数字乡村治理体系，从而高效推动网络化、信息化、数字化技术在乡村地区的普及，只有在"以人民为中心"发展思想的指引下，才能真正把人民的需求放在首要地位，摸索出真正带给人民群众幸福感、真正适合中国乡村实际的数字治理实践路径，有效推进国家治理体系和治理能力现代化。

【典型案例】

松桃探索数字治理发展数字乡村

松桃苗族自治县坚持在数字经济战略上抢新机，立足党建引领集聚有效资源，积极探索数字治理发展数字乡村的有效举措，扎实推进黄板镇纳冲村市级特色田园乡村·乡村振兴集成示范点及县级党建引领乡村治理示范点建设。在 2023 年 10 月 8 日公布拟推荐申报贵州省"民主法治示范村（社区）"的 104 个名单中，黄板镇纳冲村名列其中。

建设数字治理阵地，提供数字治理服务，实施数字治理项目，推进数字治理园区。充分利用中国电信松桃分公司的资源优势，建设数字乡村云平台，着力打造新时代文明实践智慧平台。同时，探索建立群众点单、志愿服务者接单、村文明实践所报单、镇文明实践站亮单、县文明实践中心消单、服务专员返单问题化解"闭环"式"六单"工作机制，按照生态优先、节约集约、绿色低碳的发展原则，坚持山水林田湖草沙一体化保护和系统治理，大力实施"数字"治理项目。以"苗妹子"产业园区建设为重点，运用数字信息技术为农民提供高效便捷优质服务，激发数字乡村建设活力，促进农业向数字化转型，加速推进农业现代化。

第五节　信息惠民服务

【导语】

　　互联网＋农村教育，如晨光洒落乡间，封闭的课堂，因"网"而开放。网络的天线，竖立在田野，连接了城乡，传递知识的暖阳。孩子们欢笑着，电子课本在手，课堂之外，探索更宽广的世界。农耕的汗水，沾满了教育，互联网的翅膀，让梦想在农村飞翔。绿意盎然的田野，承载着未来的希望，互联网＋农村教育，播下智慧的种子，收获满溢的芬芳。

一、概述

（一）信息惠民与惠民服务

　　"信息惠民"是指通过对数据进行有效的加工处理，形成有价值的信息来普惠百姓的生产生活，本质是通过信息公开和信息共享来解决百姓办事难的问题，目的是提升公共服务的水平和提高普惠程度。通过探索信息化方法，优化公共服务资源配置，创新公共服务机制和模式。而"惠民服务"，手段在服务、目标在惠民，更强调借助信息化、智能化手段，全面优化提升各类服务效率，拓宽服务渠道，丰富服务内容等，以达到最大化惠民的目的。

　　"信息惠民"更强调通过跨层级、跨部门的信息共享与业务协同，完善和提升各类"惠民服务"的服务效率、增加服务渠道和扩大覆盖范围，逐步消除城乡差异和数字鸿沟，解决原有体制机制下公共服务不便捷、不均等、相互割裂等问题，其利用技术手段和体制机制改革来提高公共服务水平，增加公共服务渠道。"惠民服务"侧重服务内容。不过总体而言，"信息惠民"是实现惠民服务的重要路径之一，也是"惠民服务"的重要组成部分。

（二）信息惠民服务涵盖内容

信息服务的便捷势必带来信息消费相关产业的蓬勃发展。2021年我国信息消费市场规模达6.9万亿元。随着信息基础设施持续演进升级和新型信息通信技术的创新，未来几年信息消费将延续快速增长态势。

信息消费的蓬勃发展得益于中央政府的大力支持。2012年7月9日，国务院印发《"十二五"国家战略性新兴产业发展规划》，将推进普遍服务、建立多层次的国家优质教育资源库和共享服务平台、加强公共安全信息化支撑体系建设、推进远程医疗及推广医疗信息和居民电子健康档案信息管理、推进社会保障卡应用、支持一批城市开展电子商务示范城市创建工作、支持应用新信息技术和服务模式在多个领域开展新型信息服务、加快研发适应三网融合业务要求的数字家庭智能终端和新型消费电子产品、扩大信息服务在城乡及各领域的覆盖和应用作为"信息惠民"工程的重要任务。2013年8月8日，国务院印发《国务院关于促进信息消费扩大内需的若干意见》，将加快实施"信息惠民"工程，推进优质教育信息资源、优质医疗资源共享，推进养老机构、社区、家政、医疗护理机构协同信息服务，建立公共就业信息服务平台，加快社会保障公共服务体系建设，规范互联网食品药品交易行为，提高面向残疾人的信息无障碍服务能力，大力推进广播电视"户户通"工程，推进地理信息服务平台建设，完善农村综合信息服务体系，大力推进金融集成电路卡（IC卡）在公共服务领域的一卡多应用等纳入提升公共服务信息化水平的要求中，旨在通过实施"信息惠民"工程，提升公共服务均等普惠水平。2014年1月9日，国家发改委、工信部、财政部等12个部委联合发布《关于加快实施信息惠民工程有关工作的通知》，提出实施信息惠民工程，拉消费、促发展、惠民生，是以信息化带动和促进民生领域跨越发展的战略选择。而"信息惠民"工程则要解决的是健康、医疗、养老、就业、家政等与民生诉求领域相关的问题。

数字乡村建设中的信息惠民服务不仅包括社保、医疗、教育、养老等政务服务，还包括优化提升乡村居民的数字素养。

1. 乡村数字素养持续提升

数字素养是指在数字社会学习、工作、生活应具备的数字获取、制作、使用等素质的集合,主要包括使用智能设备进行数字获取、制作、使用、评价、交互、分享等能力。从实践来看,提升农村居民数字素养关键在于提高农村居民对数字乡村的认知,增加其参与数字乡村建设的意愿和能力。加强数字乡村应用场景宣传和示范,提升农村居民对数字技术的认知和意愿是建设数字乡村的前提。通过线上线下培训相结合的方式,提升农民数字技能,提高农民对数字化"新农具"的使用能力。同时引导企业、公益组织等参与对农民数字技能的提升工作,推动数字服务和培训向农村地区延伸。

一是新型职业农民培育。新型职业农民是振兴乡村、发展现代农业的重要主体。发挥农广校、涉农院校、科研院所、农技推广机构的作用,鼓励和支持农业企业、农业园区、农民合作社等市场主体面向高素质农业劳动者、农业专业技术服务人员、农业经营主体、农业产业带头人等,通过课堂教学、现场教学、线上学习、弹性学习等相结合的方式,提供专业生产型和技能服务型人员培训、新型农业经营主体带头人和产业发展带头人培训、农业政策法规培训等。

二是乡村居民数字素养培训。2021年3月11日中国社会科学院发布的《乡村振兴战略背景下中国乡村数字素养调查分析报告》显示,数字素养城乡发展不均衡的问题非常突出,城市居民平均得分为56.3分,农村居民平均得分为35.1分,差值高达21.2分。随着我国乡村基础设施加速数字化、网络化,新时代城乡数字鸿沟问题的主要矛盾正从基础设施差距转向数字素养差距。所以,要充分利用社会资源和社会组织,开设互联网和数字信息科技基础课程,为农村居民提供学习机会;利用广播电视、数字大屏、微博、微信、宣传栏等渠道,发布培训课程,以此提高农村居民的数字素养。

三是基层干部数字素养培训。在数字化技术日益普及的新时代,数字素养已经成为决策者的基本素养之一。加强乡村基层干部的数字技术应用能力培训,提高基层干部的数字素养和数字治理水平是当前和今后一个时期的重要任务。依托农村党员干部现代远程教育网络等教育平台,面向基层干部提供数字乡村业务知识和数字技能培训,使其具备利用信息化手段进行"用数据说话、用数据决策、用数据管理、用数据创新"的能力。

四是农民电子商务培训。提高农民素质培训是一个系统工程,也是一个长期的过程,不可能一蹴而就,必须从实际出发,立足现有条件,依托农业生产实践,建立和完善多形式、多层次的农民培训体系,对农民进行多门类、多技能的教育培训,特别是农村电子商务培训。不仅要教给农民与计算机有关的知识,使其熟练掌握相关的农业常用软件,以跟上时代前进的步伐,同时应教给农民相应的经济管理及农产品买卖商务谈判的相关技巧，使农民具有一定的交际能力。根据不同年龄、不同文化水平、不同计算机水平的农民进行分层次教学，对农民在实际操作中遇到的问题进行指导和解答服务。

2. 信息惠民健康医疗服务

健康医疗信息惠民行动计划由国家卫生健康委牵头，会同人力资源社会保障部等部门组织实施。围绕农村解决看病就医难题，以便利医疗服务、壮大健康产业为目标，以医疗服务信息标准化、检查检验结果全国互认为基础，推广远程医疗，正在建立和完善重大公共卫生、传染病等健康信息监测预警体系，促进优质资源共享和卫生服务普惠，逐步建立乡村居民健康医疗信息跨机构、跨区域共享机制，最终实现就医一卡通。"互联网＋医疗健康"主要包括农村医疗机构信息化、乡村远程医疗等内容，将互联网等信息技术与传统医疗健康服务深度融合而形成的一种新型医疗健康服务业态，通过开发新的医疗健康应用、创新医疗健康服务模式，解决区域医疗资源分布不平衡、不充分问题，为乡村地区带来优质医疗资源，提升乡村医疗服务的普惠性和通达性。

一是农村医疗机构信息化。运用基础信息通信网络、信息化医疗设备等，打通省、县、村三级医疗机构的信息流通渠道，为实现远程医疗、分级诊疗等"互联网＋医疗健康"模式提供基础保障。二是乡村远程医疗。城市地区医疗机构利用远程通信技术，为乡村居民提供远程专家会诊、辅助开药等医事服务，对基层医生提供远程指导与教学等服务。三是远程专家会诊。基于网络医院平台或 APP，乡村基层医生可以"一键申请"远程会诊，在两级专家远程"手把手"指导下，为患者进行诊断和开具处方。四是远程培训与指导。借助远程医疗服务平台，省级医院的专家教授通过直播授课、直播互动等方式对偏远地区基层医生进行远程教学，指导基层医生进行临床诊疗。基层医生也可主动通过平台开展病例讨论、手术观摩等，打造基层医生进修的"云课堂"。

3. 信息惠民优质教育服务

优质教育信息惠民行动计划由教育部牵头，会同人力资源社会保障部等部门组织实施。以促进教育公平，提高农村教育质量，加快缩小区域城乡教育差距为目标，推进优质教育资源共享，深化信息技术在教育教学中的应用。逐步建设完善教育信息基础设施，缩小中西部地区学校数字鸿沟。"互联网＋教育"主要包括乡村学校信息化、乡村远程教育、乡村教师信息技能提升等内容，通过将互联网等新一代信息技术与教育深度融合，推动乡村学校网络覆盖、城市优质教育资源与乡村对接，实现城乡教育资源均衡配置。

一是乡村学校信息化。建设学校基础通信网络，提升农村中小学互联网接入速率，实现学校接入带宽不低于 100 兆比特 / 秒的目标，为乡村学校配备多媒体教育教学设备，满足远程教育等信息化教学需求，并在有条件的地方建设数字校园，实现教育教学、教育管理、教育评价、生活服务等方面的信息化应用。二是乡村远程教育。通过互联网将城市优质教育教学课程资源，以"双师教学"、视频点播、网络直播等多种方式输送到农村地区学校及师生个人终端，帮助乡村学校开足、开好、开齐国家课程。三是乡村教师信息技能提升。通过示范、培训等手段提升乡村教师应用互联网等信息技术开展教育教学工作的能力。推动城市优秀教师与乡村教师通过网络研修、集体备课、研课、交流等方式定向帮扶提升，也可引导乡村教师主动利用网络学习空间、教师工作坊、研修社区等线上资源提高信息技术应用能力。

4.信息惠民安心养老服务

养老服务信息惠民行动计划由民政部牵头，会同国家卫生健康委等部门组织实施。以满足农村养老服务需求、释放养老消费潜力、促进养老服务业发展为目标，建立养老服务机构、医疗护理机构等网络互联、信息共享的服务机制，重点推进养老服务机构信息化建设，推广远程健康监测，拓展养老机构专业化服务的惠及面，推进养老、保健、医疗服务一体化发展。智慧养老是指利用智能穿戴设备、家居设备、呼叫设备和信息系统平台，为农村地区老年人提供远程医疗、健康管理、随身监护、关爱视频等综合性、多样性的养老服务，提升农村老年人的生活质量。

二、信息惠民服务建设的意义

缩小城乡数字鸿沟。通过提升农村地区的数字基础设施水平，加快移动互联网和下一代互联网在农村的落地，以及普及信息化服务，可以缩小城乡间的数字鸿沟，让更多的乡村居民能够享受到互联网发展带来的便利。

助力乡村振兴。数字乡村建设可以促进农业现代化，提高农业生产效率，增加农民收入。同时，也能够吸引更多的年轻人回流乡村，为乡村注入新的活力。

推动农村金融发展。通过数字乡村建设，可以推动大中型商业银行以乡村服务为重点，运用互联网等技术，为农村居民提供数字普惠金融服务，改善普惠金融发展环境，让金融机构与金融服务深入覆盖乡村，为农村居民提供便捷的金融服务。

提高乡村教育水平。通过深化乡村教育信息化，可以完善民生保障信息服务，同时让更多的乡村孩子能够接触到优秀的教育资源，提高乡村整体教育水平。

总之，乡村信息惠民服务建设不仅可以缩小城乡间的数字鸿沟，助力乡村振兴，推动农村金融发展，同时也能够提高乡村教育水平等，对于促进农村经济社会全面发展具有重要意义。

三、信息惠民服务的内容

（一）"互联网＋教育"

两千多年前，孔子杏坛讲学，口口相传，完全依赖老师；一千多年前，印刷术迅速发展，文字典籍大量复制，师生得以初步分离。如今，"互联网＋"时代的到来使得传统教育面临新的挑战，面对新型的教学样态，传统的网络教育逐渐难以适应，"互联网＋教育"由此出现。

"互联网＋教育"是利用新一代信息技术，更新教育理念、变革教育模式、推动教育创新发展的新形态，标志着教育信息化支撑作用向引领作用的转型。在新的发展阶段，网络空间已然成为各级教育体系的新空间，教育领域正在经历从"两空间"走向"三空间"的历史性变革。网络空间的引入，不仅改变了教与学的时空灵活性和资源共享的范围，改变了教育的供给模式，还正在改变着教育的根本问题，即教育哲学基础。互联网改变了知识的本质，改变了知识的生产、存储和流通方式，知识回归为全体人类智慧；改变了教育的本质，联通成为教育的新本质。因此，推进"互联网＋教育"是教育组织体系和服务模式重构的过程，是科技进步推进教育变革的历史进程，不是学校教育网上搬家，不能将"互联网＋教育"与"教育＋互联网"混淆。我国幅员辽阔，各地经济发展水平不一，教育信息化基础差异较大，现阶段推进"互联网＋教育"发展的着力点和撬动点不尽相同。

深入推进乡村振兴，必须牢牢抓住"人"这个关键，尤其是贫困地区人才是最稀缺的资源。积极培养本土人才，鼓励乡贤返乡，鼓励大学生村官扎根，激励各类人才在广阔农村大地上大展才华、大显身手，建设一支强大的乡村振兴人才队伍。其中，培养本土人才是重中之重，因为他们"懂农业、爱农村"，只有提高农民自身的知识水平、技术技能，才能更高效地促进农业全面升级、农村全面进步、农民全面发展，才能真正实现乡村振兴。

1. 主要特征

在"互联网＋"背景下，大力推动和持续发展终身教育，必将助力我国学习型社会建设不断实现新跨越。与传统教育信息化相比，"互联网＋教育"具有集成化、自由化和体验化三大特点。

一是集成化。借助物联网、大数据、云计算等新型信息技术，实时感知、识别、获取、分析教育信息，以辅助乡村老师在课堂教学过程中，使用多种课件和教学软件等信息资源，让课堂教学更加生动有趣。例如，在数学教学过程中，讲到某一个定理时，可以即时显示发现该定理的数学家的一些基本情况；在物理教学过程中，可以用一些物理教学软件模拟物理实验过程。

二是自由化。首先，在智慧教育时代，学生通过移动互联网，可以利用移动智能终端随时随地、随心所欲地学习。课本不再局限于纸质书，还将包括大量的电子书。学生背负的沉重书包将被电子书包代替。其次，学生学习场所不再局限于教室，学习内容也不再受老师讲授内容的限制。此外，通过智能化技术，可以根据学生的学习兴趣、学习能力、学习时间等方面的不同，制定不同的学习计划，生成个性化的学习资料。

三是体验化。用虚拟现实技术、3D技术等生成一个虚拟现实的学习环境，使学生更直观、更容易地理解老师的教学内容。例如，用VR让乡村孩子们亲身感知无形的知识幻化成的逼真的样子。不管是语文课文里描写的场景，还是数学课堂上抽象的几何图形，都能通过技术把抽象的概念模拟出来，引导学生充分利用自己的视觉、听觉等感官接受信息，激发学习兴趣。

【典型案例】

贵州遵义：利用"广电云"推进"智慧校园"建设

贵州作为全国第一个国家级大数据综合试验区，将信息化、数字化惠及更多百姓。从2016年开始，贵州实施了多彩贵州"广电云""村村通"工程，率先在全国实现所有行政村的广电光缆全覆盖。其中遵义市新蒲新区第三小学利用"广电云"开展了"智慧校园"试点工作，推动教育信息化发展，促进优质教育民生资源向基层下沉。新蒲新区第三小学利用广电网络为学校架设的专用局域网和无线Wi-Fi以及e-word智能教学课堂软件，老师通过实名制网络空间实现家校共育、培优补差，每天将个性化的学习资料通过手机、电脑以及机顶盒推送到学生家中，昔日村小变身智慧校园。

宁夏：建设省级教育资源云平台

2018年7月，宁夏获准成为全国首个"互联网＋教育"示范区。在建设之初，宁夏就确定了由自治区统一规划建设、服务、运营、应用的教育云服务体系。截至2020年，宁夏已建成并启用以省级为单位、涵盖各级各类教育资源的云平台，成为解决优质教育资配置不均问题的有效手段。在新冠疫情期间，教育部门摸排了全区不具备收看条件的困难家庭学生，争取各大通信运营商支持，实现宁夏教育电视台的卫星直播信号全覆盖和宁夏教育云平台的全部开通。相关部门还为全区义务教育阶段家庭困难的学生赠送网络流量，免费进行宽带提速。在"互联网＋教育"试点学校银川二十一小学，疫情期间，学校通过互联网开展在线课堂直播、教研、培训，把录制好的音乐、美术、体育、科学课推送给教学力量相对薄弱的学校，解决贫困地区学校文艺、科学等科目师资力量欠缺的问题，带动了14所新建学校、薄弱学校和农村学校。

2. 平台优势

（1）培养一批掌握现代农业生产技术的农民技术骨干实现科学化规模化种植和专业化生产、培养一批优秀的农业经营管理者、农业职业经理人形成乡村产业体系，实现振兴乡村的首要任务即产业兴旺。

（2）提高农民的整体素质，让其主动参与到乡村治理和农村建设中来；增强农民的法律知识和法治观念，对基层腐败等现象进行有力监督，杜绝乡村内部公共事务无人负责，避免惠农资金、集体资产管理、土地征收等领域的腐败问题，最终实现"法治乡村"建设。

（3）对特色的乡村习俗进行传播交流，继承和发扬优秀的传统乡村文化，增强乡村文化的凝聚力和民风约束力。

3. 发展与变化

1）国家政策的变迁

2015 年，国务院颁布了《国务院关于积极推进"互联网+"行动的指导意见》，指导推进互联网技术与经济社会各领域融合发展，教育领域开始关注互联网等颠覆性技术带来的机遇与挑战，各省域教育信息化规划中开始出现相关要求和部署。

2017 年印发的《国家教育事业发展"十三五"规划》，其中指出："推进'互联网+教育'发展，着力加强教师教育新模式的探索与推广"。

2019 年 4 月教育部发布《关于实施全国中小学教师信息技术应用能力提升工程 2.0 的意见》指出围绕学校信息化教学创新推动教师研训，探索基于"互联网+"的教育组织形式。

2019 年 6 月，中共中央、国务院印发《关于深化教育教学改革全面提高义务教育质量的意见》，明确提出发挥教育支撑作用。

2019 年 11 月底，教育部发布《关于加强和改进新时代基础教育教研工作的意见》，就进一步加强和改进新时代基础教育工作提出具体意见。同时加强和改进新时代教育工作，完善区域教育、校本教育、网络教育、综合教育制度，建立教研员乡村学校联系点制度。其中，明确提出积极探索信息技术背景下的教育模式改革。这些政策的密集出台，充分反映了国家对"互联网+教育"的高度关注与重视。

2020 年，新冠疫情暴发，"停课不停学"实践开始，师生经过尝试、摸索和常态化运用三个阶段，开始主动应用网络平台及其支撑的大数据、人工智能等技术。

2021 年 11 月，中共中央、国务院下发《关于推进"互联网 + 教育"发展的指导意见》，将"互联网 + 教育"作为新时期我国教育信息化的战略部署。笔者认为，"互联网 + 教育"战略标志着我国教育信息化从融合阶段转向创新阶段，是教育数字化转型的重要途径，国家文件吹响了我国教育数字化转型的进军号。

2）资源形态的变迁

传统的教育资源形态是教科书和老师的教案。在"互联网 + 教育"时代，这种形态仍有必要，但却正在悄然拓展和变迁，那就是教育资源的数字化或数字化的教育资源。数字化的教育资源的使用，可以脱离授课教师主体，打破了教育中的时空限制，使得优质教育资源的大规模共享成为可能。通过教育信息化，它的受众没有了边界，从繁华的城市到偏僻的乡村都有可能，家门口就有好学校，大山再也挡不住知识。也正是在这一意义上，《互联网时代》中讲："理论上说，世界上一门课只需要一个老师。"在优质教育资源共享方面，北京数字学校就是一个典型的案例。它为从小学一年级到高中三年级所有 12 个年级的全部学科录制了优质视频课，供北京市所有中小学生免费听课学习，在 2015 年 12 月 8—10 日北京雾霾停课期间，北京数字学校有线电视和网络平台两个渠道的累计总访问量达到 368 万人次，32 万名中小学生到北京数字学校学习，实现了"停课不停学"。不仅如此，北京数字学校还为全国其他部分地区提供资源服务。通过教育信息化和教育资源的数字化，同时实现增加教育机会、提高教育质量和降低教育成本三重目的。

3）教学形态的变迁

信息化让每个孩子都坐到了教室的第一排。"互联网 + 教育"时代，教学形态将发生重要变迁：一是学生课下听课、课上解疑释惑、小组学习、团队合作和深入的主题探究讨论，即翻转课堂；二是学生学习个性化、互动式，甚至"自定步调"；三是学生主体地位体现更为突出。教育越来越走向学习，越来越走向学习者中心的人才培养新模式。从更深入、更具体的意义来看，真正的高品质的教育信息化必将带来人才培养模式的新变化。"互联网 + 教育"并不是简单地将原来的平面资源变成数字资源，不是简单的教材搬家，更不是"人灌"改"电灌"；而是要实现信息技术与教育教学的深度融合，从而形成多媒体、交互式、个性化、自适应、学习者中心的人才培养新模式。

4）学校形态的变迁

"互联网＋教育"时代，学校形态正在走向你中有我、我中有你的混合式学校形态和混合式学习模式。近年来出现的慕课就是其中的典型形式。这种"混合式"有两个突出特征，一是学生与学校之间的多选关系；二是线上学习与线下学习的密切结合，宛若教育领域的O2O模式。譬如，我是一名北京大学的学生，我60％的课程在北大学习，20％的课程在清华学习，另有20％的课程在国家开放大学、华文慕课、学堂在线或EdX、Future Learn学习，最后均得到北京大学认证并获得北大的学位证书。我是北大的学生吗？是，又不是。你中有我、我中有你，开放融合、生动活泼，这就是未来我们学校的新形态，这就是未来我们教育的新时代。

5）社会形态的变迁

教育信息化能够带来社会形态的变迁，促使教育社会化、社会学习化，推动社会向学习型社会转型。从1972年的富尔报告、1996年的德罗尔报告到2015年的《重新思考教育：走向全球共同利益》乃至《2030年可持续发展议程》，终身学习和学习型社会建设日益成为当今时代和国际社会的重要共识。如何使终身学习、学习型社会从概念走到现实？信息化是重要的推动力量。北京的地铁中，全是低头一族，虽然不全在学习，但已经完全具备了学习的条件。学习资源无处不在，学习成为人的生存方式，学习成为社会的生存方式。我们还只是互联网时代的访客，今天的孩子则是数字化一代，他们是互联网时代的"原住民"，将更习惯于随时学习、碎片化学习。由于现在更优的数字化能力、更高的数字存储能力、更快的数据传输能力、更强的数字接收能力，实实在在地标志着一个数字学习（E-learning）时代的到来，即人人皆学、时时可学、处处能学的泛在学习（U-learning）时代，即全民学习、终身学习的学习型社会，教育信息化让教育终身化成为可能，让学习型社会成为可能。

（二）"互联网＋医疗健康"

偏远山区的患者，在家门口可接受大城市三甲医院专家的远程会诊；只用一部手机，能够完成从挂号、缴费、信息查询、在线支付的全过程……在"互联网＋医疗健康"的助力下，中国的医疗服务模式和患者就医行为正在发生深刻改变。

只要是通过远距离语音视频的沟通来进行诊断的就叫远程医疗。

　　我们常说的"互联网＋医疗健康"是一个新造词，和远程医疗不能简单画等号。我们所说的"互联网＋医疗健康"除了我们惯常说的互联网与医疗的结合以及远程诊疗以外，还包括了互联网与医疗、互联网和公共卫生的结合。比如国家现在正在做的互联网对公共卫生防控的应用，比如互联网＋家庭医生签约，再比如互联网＋药品，都是广义的"互联网＋医疗健康"。所以在中国，互联网医疗是一个比较宽泛的概念。任何新一代信息技术在医疗、健康领域里的所有应用，都可以称为"互联网＋医疗健康"。"互联网＋医疗健康"主要包括农村医疗机构信息化、乡村远程医疗等内容，它是将互联网等信息技术与传统医疗健康服务深度融合而形成的一种新型医疗健康服务业态，通过开发新的医疗健康应用、创新医疗健康服务模式，解决区域医疗资源分布不平衡、不充分的问题，为乡村地区带来优质的医疗资源，提升乡村医疗服务的普惠性和通达性。

1. 主要特征

　　当前，很多乡村地区已经开展了基于乡村居民健康档案的区域卫生信息化建设，以此提高电子诊疗普及率。电子病历在本地区主要医院进行联网，有的地方实现了跨省联网，基本实现互通互联，患者网上挂号、持卡就医、异地结算，甚至就诊信息均自动上传至卫生信息数据中心。与传统医疗卫生行业信息化相比，"互联网＋医疗健康"具有以患者为中心、远程化、自动化和智能化等特点。

　　一是以患者为中心。以前，医疗卫生行业信息化建设都是以部门为中心的，即以各级卫生主管部门、各类医院为中心。患者的医疗信息分散在不同的医院，没有进行有效的整合，无法提供个性化的医疗卫生服务，更不能满足人民群众日益增长的健康需求。而在"互联网＋医疗健康"中，医疗卫生行业信息化建设是以患者为中心，以乡村基层为重点普及应用乡村居民健康卡。通过电子病历系统建立患者医疗健康档案，不同医院之间可以共享患者信息。

二是远程化惠及更多患者。在以前,无论疾病类型、症状轻重程度,患者都必须亲自到医院就诊。经过多年的发展,远程医疗可以实现网上预约挂号、在线问诊、远程会诊、诊断治疗、远程手术、在线处方、线上支付、检验检测结果在线查询等疾病康复全过程的健康服务。而在"互联网＋医疗健康"或者智慧医疗时代,可以实现在线医疗,有些患者不必到医院就诊,而是采用电子设备检测患者身体状况,如电子血压计探测血压、心率等,并将相关信息发送到健康服务中心,再由专业医生进行分析,并把诊断结果和治疗方案在线反馈给患者。对于医疗卫生条件落后的偏远乡村地区,通过远程医疗系统,也可以享受到大城市的一流医疗服务。

三是自动化和智能化。在以前,化验、诊断等许多工作都需要医生来完成。在智慧医疗时代,随着医疗分析仪器设备的发展,化验、诊断等工作可以自动完成。例如,智能医疗监护通过感知设备采集体温、血压、脉搏等多种生理指标,对被监护者的健康状况进行实时监控。智能用药提醒通过记录药物的服用时间、用法等信息,提醒并检测患者是否按时用药。过去,很多需要他人帮助完成的事情,现在通过智能终端系统患者自己就可以通过机器操作完成。经过互联网＋信息服务改造后,所有的诊疗流程实现了信息的共享,大大降低了医务人员的劳动强度,减少了医务人员的劳动时间,也缩短了患者就诊的等候时间。

2. 包含内容

1) 农村医疗机构信息化

农村医疗机构信息化就是通过运用基础信息通信网络、信息化医疗设备等,打通省、县、村三级医疗机构的信息流通渠道,为实现远程医疗、分级诊疗等"互联网＋医疗健康"模式提供基础保障。

省级层面建设基层医疗卫生机构信息系统,将信息系统与相关业务管理系统进行整合,以实现省、县、村医疗卫生机构的信息互通。同时,指导电信运营商在农村基层医疗机构延伸覆盖高速宽带网络。

县级层面推进乡村卫生院等机构的信息化建设,接入省级基层医疗卫生机构信息系统,实现与省医院和县医院的数据连通。以县级医院为龙头,鼓励联合辖区基层医疗机构建立"一体化"管理的县域医共体。建立县域内开放共享的影像、心电、病理诊断、医学检验、消毒供应和医疗废物垃圾处理等中心,打通县域内各医疗卫生机构信息系统,实现县域内医疗卫生机构之间信息互联互通、检查资料和信息实时共享,以及检验、诊断结果互认。

【典型案例】

青海西宁：建立医疗集团打造四级垂直管理模式

近年来，青海积极推进网络扶贫，3180个行政村纳入了电信普遍服务试点范围，并基本解决了贫困村通光纤问题。"互联网＋医疗"是网络扶贫行动的重要内容。青海地广人稀，居住分散，路途遥远是看病难的首要原因。对此，西宁市探索建立医疗集团，打造"总院—分院（社区）—村卫生室"四级垂直管理模式，借助互联网让患者在指尖挂号，足不出户便可享受部分优质医疗资源。村民通过手机里"纳里医生APP"，即可在省城的总院预约挂号。同时，为避免误诊等问题，西宁市坚持线上线下诊疗相结合。西宁第一医疗集团总院的专家可以通过远程视频设备为村民联合会诊，同时集团内部患者病例可以资源共享，总院参照分院的检查结果便可进一步诊治，有效提高了诊疗效率。

2）乡村远程医疗

城市地区医疗机构利用远程通信技术，为乡村居民提供远程专家会诊、辅助开药等医事服务，对基层医生提供远程指导与教学等服务。

——远程专家会诊。基于网络医院平台或APP，乡村基层医生可以"一键申请"远程会诊，在两级专家远程"手把手"指导下，为患者进行诊断和开具处方。

——远程培训与指导。借助远程医疗服务平台，省级医院的专家教授通过直播授课、直播互动等方式对偏远地区基层医生进行远程教学，指导基层医生进行临床诊疗。基层医生也可主动通过平台开展病例讨论、手术观摩等，打造基层医生进修的"云课堂"。

省级层面建设远程医疗业务网，连接省级远程医疗管理平台、省级远程医疗中心、县级远程医疗中心、乡镇卫生院和有条件的村卫生室远程医疗点等，实现视频、影像、电子病历等远程医疗业务数据的传输和共享。在省、市、县三级医疗机构建立多个专科远程诊断或会诊中心，向全省县级和基层医疗机构提供急危重症、疑难病症、专科医疗的远程医疗服务，并承担远程医学培训和突发公共卫生事件、紧急医疗救援任务的远程支持。

县级层面推进建立县级远程医疗中心，配置病历资料、体征数据采集、视音频实时传输、会诊管理等软硬件设备，接入省级远程医疗平台。乡镇卫生院远程医疗点配备远程问诊（会诊终端）影像、心电采集和传输设备，接入远程医疗平台，通过互联网络，接受上级远程医疗诊断服务，在上级医生的指导下提供慢性病管理、康复、家庭护理等服务。鼓励有条件的村卫生室开展远程医疗试点，配备远程问诊或会诊终端。

【典型案例】

贵州遵义：利用"广电云"推进远程医疗发展

贵州基于"广电云""村村通"工程，还进行了远程医疗探索。以遵义市新蒲新区沙滩村为例，村卫生室医生可以通过"广电云"的远程医疗频道，呼叫村里的签约病人，为他们提供日常复诊，跟踪病情。以往由于村民居住分散，卫生室医生需要翻山越岭进行看诊，在远程医疗技术的支持帮助下，患者在家中，专家在诊室，村民不用往返医院排队看病，医生无需劳累奔波，为村民看病就医提供了极大便利，也促进了优质医疗资源向基层下沉。

3. 发展与变化

我国的"互联网 + 医疗健康"领域的发展按时间可以划分为三个阶段。

第一个阶段是 2018 年之前。在 2018 年以前，国家除了在药品电商领域里有一些相应规定，其他细分领域内，国家层面并没有一个明确的态度，行业发展都是依靠各方自发探索。

2017 年国家卫健委曾出台过征求意见稿，对互联网医疗政策有所收紧，过去诸多行为都涉嫌违规。好在当时征求意见稿没有通过，很快，2018 年国务院出台了一个促进互联网 + 医疗健康发展的意见，明确表示鼓励互联网医疗发展。

2018 年后，互联网医疗进入第二个阶段。如果说第一阶段主要是"企业动力"，那么第二阶段就是"政策动力"。国务院出台的文件中明确规定所有的医院都要进行互联网医疗的建设，二级以上公立医院医保要支持这项工作。

文件的出台形成了明显的政策动力，但在推动互联网医疗建设过程中，我们逐渐意识到这一动力还不够强。当时互联网医疗定义不是很清晰，监管难度也很大，市场创新当中的问题也比较多，所以全国各地形成的政策动力不尽相同。仅有个别地区，比如最早的宁夏、后来的海南、现在的山东与四川对此比较积极，很多发达地区比如广东、浙江、江苏都对发展互联网医疗相对比较保守。

2020 年新冠疫情暴发，互联网医疗进入第三阶段。不管政策上如何对待这一领域，无论医院对此报以何种态度，疫情让大家强制体验了一次互联网医疗应用场景，用户对这一领域的认可度迅速提高，加速了整个互联网医疗的发展。这一阶段互联网医疗的发展由"政策动力"转为"用户动力"。在过去这一领域的发展都是局部的，是由个别利益相关者进行推动。现如今是供方、需方、政策方均有动力去推动这一领域发展。

（三）智慧养老

"智慧养老"最早由英国生命信托基金提出，也被称为"全智能老年系统"，即打破时间和空间的限制，为老年人提供高质量的养老服务。其核心在于通过应用先进的管理和信息化技术手段，面向有居家养老服务需求的老年人提供兼具物联化、互联化和智能化的养老服务，围绕老年人的生活起居、医疗护理、康复保健、安全保障和娱乐休闲等需求，紧密联系老年人与政府、社区、医疗机构、医护人员等，使老年人更为安心地享受老年生活。

1. 主要特征

1）全方位服务

农村智慧养老利用先进的技术和智能化系统，为老年人提供了全方位、多元化的服务。这些服务涵盖了生活照料、医疗保健、文化娱乐等多个重要领域，以确保老年人的生活质量得到全面提升。在生活照料方面，农村智慧养老平台提供了一站式的服务，包括日常起居、饮食照料、清洁卫生等方面的帮助。通过智能设备如智能家居系统、智能健康监测设备等，可以实时监测老年人的生活情况和健康状况，并及时发现异常情况，以便尽快采取相应的措施。在医疗保健方面，农村智慧养老结合了现代医疗技术和养老服务，为老年人提供全面的医疗服务。通过与当地医疗机构合作，可以定期为老年人提供健康检查和疾病预防等服务。同时，智慧养老平台还可以提供在线医疗咨询和紧急救援服务，以确保老年人的身体健康得到全方位的保障。在文化娱乐方面，农村智慧养老注重老年人的精神文化需求，提供了丰富多彩的文化娱乐活动。通过智能化系统，可以定期为老年人推荐适合他们年龄和文化背景的活动，如传统手工艺、书画、音乐、舞蹈等。此外，智慧养老平台还可以提供在线教育、文化交流等功能，以促进老年人与社会的联系和交流。

2）高效便捷

农村智慧养老采用了先进的信息技术，如物联网、大数据、云计算等，使得服务更加高效便捷。首先，智能化设备的应用使得老年人可以随时随地获取所需的服务，而不必亲自前往服务站点。无论是生活照料、医疗保健还是文化娱乐等方面的需求，老年人只需通过手机、电脑等设备进行简单操作就可以轻松获得服务。这为老年人带来了极大的便利性，尤其是对于那些行动不便或生活在偏远地区的老年人来说，能够更好地满足他们的需求。其次，农村智慧养老还采用了智能化的健康监测设备，可以对老年人的身体状况进行实时监测。这些设备可以及时发现老年人的身体异常情况，并立即采取相应的措施，确保老年人的身体健康。这种健康监测不仅提高了服务的及时性和准确性，还能够有效地预防老年人健康问题的发生，为老年人提供了更加全面的保障。最后，农村智慧养老平台还可以对老年人的数据进行全面的分析和处理，从而更好地了解老年人的需求和偏好。这使得服务提供者可以更好地为老年人提供个性化的服务，以满足不同老年人的需求和喜好。

3）提高生活质量

农村智慧养老不仅为老年人提供了基本的生活照料，还通过智能化设备和现代化技术，丰富了老年人的文化娱乐和精神需求，从而提高了他们的生活质量。智能化设备的应用为老年人的生活带来了更多的便利和乐趣。老年人可以通过手机、电脑等设备与亲友进行视频聊天，不仅可以随时随地保持联系，还可以分享生活中的点滴和快乐。此外，智慧养老平台还提供了在线阅读和网上娱乐等功能，老年人可以根据自己的兴趣爱好浏览各种书籍、电影、音乐等，享受到精神上的愉悦和满足。农村智慧养老还注重老年人的文化娱乐和精神需求。除了线上活动，智慧养老平台还可以为老年人提供各种线下文化娱乐活动，如书法、绘画、音乐、舞蹈等。此外，智慧养老服务还可以根据老年人的兴趣爱好和特点，为他们量身定制一些文化活动和精神讲座等，以丰富他们的生活内容。

2. 包含内容

利用互联网和物联网的信息化手段，未来的养老模式将变得多样化、人性化、高效化。居家养老、社区养老、机构养老、异地养老（即老人离开现有居住地，至异地享受与本地相同的养老待遇和服务）将成为老年人的主要养老模式。

1）居家养老

长期以来，我国形成了以家庭养老为主的养老模式。然而，自 20 世纪 90 年代我国开始进入老龄化社会，人口社会结构发生了很大变化，老年抚养比达到了 17%，社会养老需求和负担加大，随之而来的养老方式呈现多层次、多样化特征。居家养老是顺应我国国情的养老方案，既符合我国传统的养老观念，又能满足大多数老年人在家养老的需求。

【典型案例】

浙江衢州：互联网为农村留守老人提供优质健康服务

浙江衢州开化县地处浙西山区，全县 36 万人口中约有 10 万人常年在外务工，在 65 周岁以上的老年人中，约有四成困守"空巢"。近年来，开化县以"最多跑一次""互联网＋医疗"理念为农村留守老人提供优质健康服务。目前开化县全县 115 家村卫生室医生全部配备"一键呼叫"系统，遇到疑难杂症可以随时与上级专家连线，进行在线问诊、在线处方。同时，乡镇卫生院建成区域影像、区域心电、远程会诊中心，患者到乡镇卫生院就可以与省市县级专家进行远程诊疗。县级医院还开通中药代煎配送服务，在线中医处方直接配送到村卫生室，由村医生负责指导用药，让留守老人"一次不用跑"就能享受高质量医疗服务。此外，依托一体化的智慧健康信息化平台，开化县开通了留守老人线上转诊绿色通道，启用"一张转诊单"入院，转诊病例可线上转，患者在转院途中已经办好床位预约、检查安排、专家会诊等院前准备手续，从基层首诊到县级转诊入院仅需 10 分钟。在上述措施下，农村老人看病可实现轻症患者在家门口远程会诊，重症患者 10 分钟内办好入院手续。

2）社区养老

社区养老是指以家庭为核心，以社区为依托，以老年人日间照料、生活护理、家政服务和精神慰藉为主要内容，以上门服务和社区日托为主要形式，并引入养老机构专业化服务方式的居家养老服务体系。社区养老服务可以解决老年人，特别是生活不能自理的老年人就近照料和家庭临时托老的需求，并且满足中国老年人居家、就近养老的愿望。社区养老可以有效整合社区资源，专业化地提供养老服务，有效解决老年群体的养老问题，保障和改善老年人的生活。开展社会化居家养老意义重大，符合我国"未富先老"的社会特点，是适应人口老龄化发展的客观要求，是建立完善社会养老保障体系的必要补充，是提高老年人生活质量、加强社会主义精神文明建设的现实需要，是缓解政府财政负担、维护社会稳定的现实出路。

【典型案例】

广东："AI 医生"部署全省乡村卫生站

设备简陋、村医水平有限是很多乡村卫生站的现状，这一短板影响着"小病不出村"目标的实现以及分级诊疗的真正落地。如何让乡村卫生站加速提质，是医疗主管部门面前的一道难题。对此，广东省卫健委上线了健康扶贫"AI 医生进乡村"项目，并为全省 2277 个贫困村卫生站全部配置智能健康设备包。该设备包既包括血常规检测仪等硬件设备，也包括一个专门的村医工作软件，将设备检测结果导入软件，AI 医生助手便可根据庞大的病历数据库，提供中、西医智能辅助诊断，另外也可以选择县级医院、市级医院专家在线指导治疗。不过，"AI 医生"想要扎根乡村，还离不开一系列配套举措的"助攻"。特别是针对农村特点，量体裁衣，打造村民听得懂、能理解、能配合的乡村版"AI 医生"。例如，将研发方向与农村接轨，尽量用简单易懂的方式把脉问诊；加大宣传，提高村民对新方式和医疗健康知识的普及了解，让他们既认可满意"AI"医生，又能有效配合使用；同时，通过 AI 医生和远程诊疗，丰富村医的诊疗知识、提升诊疗技能。

3）机构养老

养老机构是由政府或社会力量通过投资兴办，为老年人提供饮食起居、清洁卫生、生活护理、健康管理和文体娱乐活动等综合性服务的机构。它可以是独立的法人机构，也可以是附属于医疗机构、企事业单位、社会团体或组织、综合性社会福利机构的一个部门或者分支机构。我国绝大多数养老机构是以帮扶、救助城市"三无"（无劳动能力；无生活来源；无赡养人和扶养人，或者其赡养人和扶养人确无赡养和扶养能力）老人、低收入老人、经济困难的失能半失能老人，以及农村"五保"老人为主，向他们提供无偿或低收费的供养、护理服务，多不以营利为主要目的，其公益性特征明显。公办性质的养老机构职能定位主要是"托底"，其他性质的养老机构应支持社会力量去兴办。对于社会力量兴办养老服务机构提供基本养老服务的，政府应同样给予土地、税费、补贴、购买服务等政策支持。

4）异地养老

异地养老是指老年人离开现有住宅，到外地居住的一种养老方式，其实质是"移地"养老，即养老地点的改变。有学者根据养老目的的不同将异地养老划分为"生活享受型""投靠子女型""子女吸引型"和"机构移居型"等不同类别。自异地养老概念在中国提出至今，政府虽努力推动，在海南等极少数地区也已取得了明显进展，但整体而言，异地养老在我国至今仍没有被推广开来。

随着我国社会老龄化的加剧，需要养老的人越来越多。而到农村养老，也成为改善生活品质、缓解城市压力的一条重要通道，越来越获得城市老年人的认同，并成为一种市场或民众的自发选择。越来越多的老年人，准备逃离城市，找一个舒适安逸的地方享受幸福的晚年生活。"异地养老"不但提升了老年人的幸福感，而且优化了资源配置，一定程度上促进大城市和周边地区的协同发展，从而形成了一种城乡一体化发展的新型模式。

3. 发展与变化

我国智慧养老产业发展历程可划分三个时期：

1）萌芽期（2012—2013 年）

我国智慧养老始于 2012 年，全国老龄办在 2012 年首先提出"智能化养老"的理念，鼓励并支持开展有关智慧养老的实践探索。2013 年国务院发布了《关于加快发展养老服务业的若干意见》，全国老龄委成立"全国智能化养老专家委员会"，为我国智慧养老产业发展制定目标，引路导航。

2）发展期（2014—2018 年）

2014 年—2018 年，为我国智慧养老发展时期。2014 年在北京市第一社会福利院、北京市大兴区新秋老年公寓、江苏省无锡市失能老人托养中心等全国 7 家养老机构开展国家智能养老物联网应用示范工程试点工作。2015年，国务院发布的《关于积极推进"互联网+"行动的指导意见》中，明确指出要"促进智慧健康养老产业发展"。2016 年，工信部、国家卫健委和民政部三部门联合召开"信息技术和健康养老融合发展论坛"，提出要加强对智慧健康养老产业体系的推广，做大做强智慧健康养老产业，并在论坛上发布了《智慧健康养老产业发展白皮书》。2017 年，国家出台《智慧健康养老产业发展行动计划（2017—2020 年）》、2018 年，国家发布《智慧健康养老产品及服务推广目录（2018 年版）》等政策，推动了我国智慧养产业的不断发展。

3）黄金期（2019 年之后）

2019 年 1 月 12 日，工信部、民政部、国家卫生健康委联合主办了第二届智慧健康养老产业发展大会，大会上指出"发展智慧健康养老产业为应对人口老龄化提供了有力的科技支撑"，并再次明确了智慧养老相关产业政策及智慧养老发展路径。

2021 年工业和信息化部、民政部、国家卫生健康委三部门又联合印发《智慧健康养老产业发展行动计划（2021—2025 年）》，更进一步推动智慧健康养老产业发展。智慧养老行业专业人士预言，智慧养老产业将迎来发展黄金期。《智慧健康养老产业发展行动计划（2021—2025 年）》的要求，到 2025 年，智慧健康养老产业科技支撑能力显著增强，产品及服务供给能力明显提升，试点示范建设成效日益凸显，产业生态不断优化完善，老年"数字鸿沟"逐步缩小，人民群众在健康及养老方面的幸福感、获得感、安全感稳步提升。一是科技支撑能力显著增强。新一代信息技术与健康养老融合发展更加深入，芯片、传感器及操作系统等底层技术进一步发展，行为监测、生理检测、室内外高精度定位、健康数据分析等一批关键技术的集成创新及融合应用能力大幅增强，全面满足智慧健康养老需求。二是产品及服务供给能力明显提升。健康管理、康复辅助、养老监护等智能产品种类不断丰富，产品质量与性能持续提升，应用场景进一步拓展，服务内容进一步丰富，服务模式进一步创新，跨界融合的发展局面基本形成。三是试点示范建设成效日益凸显。持续推进试点示范建设，拓展试点示范类型。在现有试点示范的基础上，面向不少于 10 个应用场景，再培育 100 个以上的示范企业、50 个以上的示范园区、150 个以上的示范街道（乡镇）及 50 个以上的示范基地，进一步强化示范引领效应。四是产业生态不断优化完善。加快构建政、产、学、研、用深度融合的产业生态，推动建设 5 个以上公共服务平台，建立智慧健康养老标准体系，研究制定 20 项以上行业急需标准，检验检测、展览展示、资本孵化等产业公共服务能力显著增强。

（四）乡村数字素养提升

"数字素养"最初被界定为一种多媒体"识读能力"，主要指理解识别超文本和多媒体格式信息产品的能力。随着数字技术的发展，数字素养的内涵不再仅限于"识读能力"，它不仅仅涉及如何有效地使用数字传播工具和资源，更重要的是，它强调了人们应该拥有计算思维方式，以便利用数字技术解决生产生活方面的问题。《提升全民数字素养与技能行动纲要》中指出"数字素养与技能是数字社会公民学习工作生活应具备的数字获取、制作、使用、评价、交互、分享、创新、安全保障、伦理道德等一系列素质与能力的集合。"

农民作为乡村振兴的"主体"，必须触网、懂网、用网，努力成为新时代的网民，向着"网络达人"迈进，这就需要培养农民数字意识和能力，提升农民数字素养与技能，增强利用数字技术的能力，更积极地投身到数字乡村建设中去。要根据农民的实际情况，为他们量身定制更多的培训课堂，从思想上转变思维认识，明确数字是新时代推动农业发展的重要工具，从"要我学"向"我要学"转变，让更多的农民成为新时代的"新农人"，增强乡村振兴的"造血能力"。

1. 优势

农民数字素养的提升对于数字乡村建设、城乡融合发展以及农民生活水平提高具有重要的现实意义。提升农民数字素养有利于增强数字乡村发展的内生动力，打破城乡数字素养鸿沟和提高农村居民生产生活质量。数字乡村建设内容丰富，涉及乡村经济、政治、文化、社会、生态等各个方面。农民是数字乡村建设的核心力量，是数字乡村建设的参与者，是数字乡村建设的监督者，也是数字乡村建设成果的受益人。

1）增强数字乡村发展内生动力

提升数字乡村建设各方面的建设效率以及数字乡村建设成果更好地惠及全体农民具有重要的现实意义。在乡村数字经济建设中，以智慧农业为例，国家为农业农村发展搭建的大数据体系不断完善，各类传感器和数据平台对农业生产、加工、流通的实时数据采集与分析，虽然平台数据趋近于完善，但是农村的发展最终还是要靠农民的智慧，农民数字素养越高，就能越好地利用传感器和数据平台得到的数据精准解决农业生产过程中存在的问题，提高农业生产效率。"互联网＋政务服务"为乡村数字治理建设提供了一个全新的服务平台，它可以让企业和民众在线接触政务服务。农民数字素养越高，对数字化设备操作越熟练，如通过政务平台了解乡村事务，从而提高乡村政务管理的效率，降低乡村治理成本，有利于农村的资金优化整合，产生更多的效益惠及农民。"乡村网上文化阵地"作为一种发展先进文化在乡村传播的高效途径，提升农民数字素养，不仅有助于巩固乡村思想文化阵地，而且还能够推动主流思想在乡村的广泛传播，推动县级融媒体中心的建立，以及农村基层文化服务场所信息化发展。"互联网＋医疗健康"是将互联网信息技术与常规医疗健康业务紧密结合的典范，旨在为乡村地区提供更加优质的医疗资源，以满足当地居民的健康需求。农民数字素养提升，才能更好利用优质医疗资源。以"农村绿色生产"为例，农民数字素养的提升有助于农民更好地利用信息化技术来提升农产品的绿色环保水平。例如，采用农业投入品追溯管理网络平台，可以做到杀虫剂、兽药、化肥、草料等农业投入品的利用，从而在保证发展的同时尽量减少对自然的破坏，提升环保效能，推动美丽乡村发展。因此，农民数字素养提升有利于农民深度参与数字乡村建设，从而更好推动数字乡村发展。

2）打破城乡居民数字素养鸿沟

《乡村振兴战略背景下中国乡村数字素养调查分析报告》旨在探讨乡村振兴战略背景下我国城乡居民数字素养发展的状况。研究表明，我国数字素养城乡发展存在明显的不平衡：城市居民的平均得分高达 56.3，而农村居民的平均得分仅为 35.1，差距高达 21.2 分，农村居民的平均得分比城市居民低了 37.5%。

目前，城镇与乡村的数字差距正在从基础建设差异转变为数字素养差异，其中最突出的表现形式就是城乡居民互联网使用水平的差异。截至 2022 年 6 月，中国农村网民规模达到 2.93 亿，占网民规模的 27.9%；而城镇网民规模已经达到 7.58 亿，占网民规模的 72.1%。从地域来看，农村地区的非网民比例仍然占据着 41.2% 的比重，远高于全国农村人口比例 5.9 个百分点。

在日常生活中，由于农民无法熟练操作数字应用平台，在如外出、消费、看病等状况时无法顺畅享用智能化服务提供的便捷。统计结果显示，在疫情防控期间，非网友群众觉得网络并没有造成许多日常生活麻烦。其中，"健康码"无法出入某些公共场合是最大的麻烦。线下服务网点少也是一个问题。此外，买不到票、挂不上号的比例也很高。另外，没法及时获取信息，比如各类新闻资讯；无法现金支付的比例也很高。数字素养主要包括数字意识、计算思维、数字化学习与创新、数字社会责任四个方面。农民数字素养是数字化情境下农民在生产与生活实践中形成的有关数字意识、计算思维、数字化学习与创新、数字社会责任的综合体。增强农民数字意识、培养农民计算思维、加强农民数字化学习与创新以及培养农民数字社会责任有利于增强农民数字素养，从而打破城乡数字素养鸿沟。通过完善农村的科教信息服务体系、加大数字乡村建设有关信息的宣传力度等方式不断增强农民数字意识，有利于农民主动发现数字资源并充分利用数字资源参与数字乡村建设。通过完善乡村数字供给体系，加大相应政策、技术、教育资源供给，帮助农民培养计算思维。培养计算思维不是计算机知识的简单普及，也不是把农民都培养成计算机专家，而是要提高农村居民的数字意识，发展符合数字化时代的"计算思维"，形成用"互联网＋""人工智能＋"创新学习、生活和工作模式的习惯，加强信息社会责任，让每个公民都能从容、自信、负责任、有担当地生活在信息社会。通过加强农民信息技能培训，提升农民数字化设备的应用能力，有利于农民在日常生活中积极利用丰富的数字化资源、广泛的数字化工具和数字化平台进行探索和创新。通过普及网络安全知识、增强农民网络道德意识和维护自身权益的能力有利于增强农民的数字社会责任，从而在参与乡村数字经济、数字治理、信息服务过程中遵守数字伦理规范，合法使用数据资源，做知法懂法守法的数字公民。总而言之，农民数字素养提升有利于缩小城乡居民数字意识和数字化设备应用能力方面的差距，从而打破城乡数字素养鸿沟。

3）提高农村居民生产生活质量

农民数字素养提升有利于提升农民生产质量。物联网、人工智能、云计算等数字技术与农业生产融合不断加深，农业发展有了强大的技术支撑。农民数字素养是农民运用数字化设备的基本要求，同时也是提高农业生产效率的必然要求。近年来，国内种养业生产物联网运用深化，设施农业智能监控、智慧果园、智慧畜牧、智慧养殖、无人机植保、无人驾驶农机等快速发展。农民数字素养提高，能够更好地操作数字化农机装备，从而提高农业生产效率和质量。农民数字素养提升有利于提升农民生活质量。乡村新产业新业态发展迅猛，近年来我国农产网络零售额激增，农村电商快速发展，这不仅有助于提升农民的生活质量，而且也为农村消费升级提供了强大动力。随着订单农业、农村直播带货等新兴业态和应用的迅速发展，为乡村地区提供了一个全新的农产品流通平台，为农民提供了更多的增收机会，帮助农民获得更多的收入。与此同时，农民数字素养提升促进农民更加熟练地操作以智能手机为主的数字化设备，利用 QQ、微信等通信软件与外界交流沟通；运用淘宝、京东、拼多多等应用软件购买多种多样的商品；农民可以通过"互联网＋医疗健康"平台进行网上挂号、移动支付、家庭医生在线问诊等操作，为农民就医提供了极大便利。

2. 包含内容

数字素养与技能是指数字社会公民学习工作生活应具备的数字获取、制作、使用、评价、交互、分享、创新、安全保障、伦理道德等一系列素质与能力的集合。具体来看，数字素养包括：数字意识、计算思维、数字化学习与创新、数字社会责任。

其中，数字意识包括：内化的数字敏感性、数字的真伪和价值，主动发现和利用真实的、准确的数字的动机，在协同学习和工作中分享真实、科学、有效的数据，主动维护数据的安全。

计算思维包括：分析问题和解决问题时，主动抽象问题、分解问题、构造解决问题的模型和算法，善用迭代和优化，并形成高效解决同类问题的范式。

数字化学习与创新包括：在学习和生活中，积极利用丰富的数字化资源、广泛的数字化工具和泛在的数字化平台，开展探索和创新。它要求不仅将数字化资源、工具和平台用来提升学习的效率和生活的幸福感，还要将它们作为探索和创新的基础，不断养成探索和创新的思维习惯与工作习惯，确立探索和创新的目标、设计探索和创新的路线、完成实践探索和创新的过程、交流探索和创新的成果，从而逐步形成探索和创新的意识，积累探索和创新的动力，储备探索和创新的能力，同时也形成团队精神。

数字社会责任包括：形成正确的价值观、道德观、法治观，遵循数字伦理规范。在数字环境中，保持对国家的热爱、对法律的敬畏、对民族文化的认同、对科学的追求和热爱，主动维护国家安全和民族尊严，在各种数字场景中不伤害他人和社会，积极维护数字经济的健康发展秩序和生态。

3. 发展与展望

1）强化政府统筹协调，弥合乡村居民的数字鸿沟

作为一个复杂庞大的系统，数字乡村的建设过程中必须坚持"政府主导、多部门协同、全社会参与、资源互通、全民共建共享"的发展原则，本着这一原则，在应对城乡间、东西部间的"数字鸿沟"这一问题上应当加强政策干预。首先，应当在充分考虑我国农村数字鸿沟问题的差异性与复杂度的同时，秉持因地因时因势制宜的原则制定相关数字化建设与干预政策，以缩小区域间和区域内部的数字鸿沟。其次，各地要统筹制定提升农村居民数字素养与技能行动计划，鼓励科研机构、企业等各部门积极参与，通过行政手段打通资源传输渠道，扩大农村地区5G、大数据、人工智能等新兴数字技术的覆盖范围和受众人群，降低农村居民接触数字技术的难度，弥补数字鸿沟，充分发挥数字乡村建设在乡村振兴中的赋能作用。最后，开展立足农村生产生活实际的数字新技术、新应用培训，让农村居民在数字生活中有更多的参与感和获得感，提升农村居民数字化理念、素养和技能。

2）完善乡村信息基础设施建设，提升农村居民数字应用能力

在完善乡村数字基础设施建设的过程中要综合考虑我国乡村环境，并将现有的优势数字资源进行整合。首先，要继续落实农村电信网络、宽带网络、有线电视网络"三网"建设和升级，建设更为完备的农村信息服务

体系，使得数字乡村的理念从物质上进入千村万户的家中。同时考虑到城乡间差异以及不同乡村的结构特点，整合优质数字资源和数字技术，打造能够满足农村居民不同层次需求的数字服务平台。此外，在数字平台的建设过程中也应当考虑适用性，适当简化数字平台使用流程，降低操作难度，确保农村居民有兴趣、有意愿参与到数字乡村的建设中来。通过"硬件设施"完善和"软件平台"搭建，强化数据管理、数据资源和应用场景建设，提升农村居民数字技术应用能力，加快数字乡村建设，助力乡村振兴。

3）加强复合型"新农人"培养，夯实数字乡村人才支撑

数字时代的"新农人"不同于传统意义上的身份农村居民，"新农人"意味着农村居民不再是被动的身份，而是主动的职业选择。我们认为复合型"新农人"至少应该包含三个内容，即具有新理念、掌握新技能、顺应新趋势。新理念也就是数字理念、计算思维和数字安全意识。新技能主要是具有信息检索能力、数字农业工具操作能力、合作组织能力等。顺应新趋势意味着新农人应当是能够通过主动学习、开拓创新来不断顺应技术、环境等的新变化。

在复合型"新农人"培养过程中，基层政府应当积极转变乡村发展思路，真正使数字技术成为催生乡村发展和人民新福祉的重要落脚点。要进一步提升基层政府在数字人才培养中的创新思维，将培养新型数字农村居民作为工作重点，以切实提高农村居民数字化基础设施的使用意愿和学习兴趣为培养核心，兼顾农村居民数字素养提升，在发展建设的过程中不断探寻农村居民使用数字技术的外部激励与内在驱动，将为农村居民提供更贴心、更多元化的数字服务作为数字人才培养工作的重点。同时，通过线上、线下积极开办农村数字素养、数字技能培训班，对数字乡村用户中的"弱势群体"进行针对性培训，加快农村居民生产力和创造力的数字化转型。通过提高农村居民的数字素养改变农村思维，提高认知水平，不断增强数字技术的溢出效应。

数字乡村建设是实现乡村振兴的必由之路，广大的农村居民群体既是数字乡村建设的主体，同时又是数字乡村建设成果的最大受益人。只有提升农村居民数字素养，提高农村居民数字技能，调动农村居民参与数字化建设的积极性，才能更高效地建设数字乡村，才能让广大农村居民群众真正享受到数字化时代所带来的红利，并最终实现乡村振兴这一伟大目标。

四、信息惠民服务建设的成效

随着数字乡村建设的稳步推进,"互联网＋教育"、"互联网＋医疗健康"、"互联网＋人社"、线上公共法律与社会救助等服务不断向农村地区下沉覆盖,农村数字惠民服务水平不断提升。

(一)"互联网＋教育"服务不断深化

教育公平迈出更大步伐,海量优质教育资源通过互联网从城市传送到广袤乡村,进入农村中小学,截至2022年8月,全国义务教育学校联网率已达100%,基本实现出口带宽100兆比特/秒以上,99.6%的中小学拥有多媒体教室。国家智慧教育公共服务平台上线运行,发布基础教育资源3.4万条,职业教育在线课程2.2万门,给广大农村地区送去了免费优质教育资源,中西部许多农村边远地区利用平台资源实施"双师课堂",进一步提高了教学质量。中国教育电视台通过电视频道承担小学各年级全部课程,解决网络信号薄弱的偏远地区学生的学习资源和学习渠道问题,以"电视＋教育"方式推进乡村数字教育发展。网络扶智工程攻坚行动持续开展,在160个国家乡村振兴重点帮扶县举办教育厅局长和中小学校长教育信息化专题培训班。爱心企业和公益基金等社会力量积极参与农村地区在线教育事业,2021年海南利用受捐电视教育专用直播卫星终端,已实现全省570个教学点的1505间教室全覆盖,惠及2.4万名学生和3500余名教师。

(二)"互联网＋医疗健康"服务持续提升

国家全民健康信息平台基本建成,截至2022年9月,全国所有省份、85%的地市、69%的区县已建立区域全民健康信息平台。积极完善省市县乡村五级远程医疗服务网络,推动优质医疗资源下沉,截至2022年9月,远程医疗服务平台已覆盖所有的地市和90%以上的区县。依托全国统一的医保信息平台,医保政务服务事项已实现"跨省通办",农村居民在异地也可便捷办理医保相关业务,实现无卡结算、全国通用。通过部门间数据共享,可精准识别农村低收入人员,及时核查比对参保状况,准确监测医保待遇享受和医疗费用负担情况,及时预警因病返贫致贫风险。

(三)"互联网＋人社"服务逐步覆盖

以社保卡为载体的居民服务"一卡通"方式,应用领域不断扩大,服务流程持续优化。截至 2022 年 6 月，全国电子社保卡领用人数达 6.19 亿，特别是在农村地区实现快速推广应用，为农村居民提供了参保登记、社保缴费及查询、待遇认证及领取等多项便民服务，目前全国 31 个省（自治区、直辖市）均可通过社保卡发放惠民惠农财政补贴资金。覆盖城乡的公共就业服务体系初步建成，各地积极搭建就业创业和职业培训、新职业在线学习等平台，云招聘、远程面试、直播带岗等方式有效地促进了农村劳动力与用工岗位的对接。通过手机信令大数据监测分析，动态掌握农民工就业分布、流动、返乡创业等情况。依托全国养老服务信息系统，实现农村留守老人信息统一管理和服务。防止返贫监测信息系统不断完善，监测的及时性、精准性持续提高，2022 年以来中西部省份新识别监测对象 68.11 万人，其中 98.5% 已落实帮扶，5208 人已消除返贫风险。

（四）公共法律与社会救助线上服务加快普及

深入推进"乡村振兴法治同行"活动，在行政村、社区普遍设立法律援助联络站点，推行网上申请法律援助、视频法律咨询等远程服务方式，提升农村地区"智慧法援"服务能力。已有 20 多个省份开发应用了智能移动调解系统，为农村居民提供智能咨询、在线申请、在线调解等线上解纷服务。"互联网＋村（居）法律顾问"工作持续推进，全国近 53 万个行政村实现了法律顾问全覆盖，建立法律顾问微信群 20 多万个，乡村法律顾问、基层法律服务工作者在线为农村群众和村"两委"提供法律咨询、法律援助、法治宣传、法律顾问等服务。山东淄博打造的智慧法庭平台延伸到重点村居，开通了自助办理联系法官、法律咨询、网上立案、在线调解、巡回审判等业务，村民有了纠纷会首先找智慧法庭平台解决。

（五）"三农"信息服务更加便捷深化

评价显示，截至 2021 年底，全国利用信息化手段开展或支撑开展党务服务、基本公共服务和公共事业服务的村级综合服务站点共 48.3 万个，行政村覆盖率达到 86.0%。截至 2021 年底，全国共建成运营益农信息社 46.7 万个，累计提供各类信息服务 9.8 亿人次。农技服务从田间地头走到云端线上，12316 热线电话、全国农业科教云平台等为农服务方式不断创新，截至 2022 年 8 月，全国农业科教云平台注册用户超过 1300 万，累计访问超过 35 亿次，日均服务超过 400 万人次，在线提问解答率保持在 92% 以上。据监测，2021 年全国接受信息化农技推广服务的新型农业经营主体（包括农民合作社和家庭农场）数量共计 223.3 万个。依托全国家庭农场名录系统开展家庭农场"一码通"管理服务，已为首批约 3000 个家庭农场赋唯一标识数字码，为家庭农场产品销售、贷款保险等提供便利。国家科技特派员信息管理服务系统建设扎实开展，科技特派员的支撑保障和管理服务能力持续提升。

第六节　智慧绿色乡村

【导语】

绿色是农业的本色。

20 世纪 80 年代，一首《在希望的田野上》的歌曲风靡全国，"炊烟在新建的住房上飘荡，小河在美丽的村庄旁流淌"成了一代人对美好乡村生活的无限憧憬。现如今，在乡村振兴事业如火如荼地开展过程中，我们选择用智慧与绿色发展的方式为乡村"梳妆打扮"，让乡村"富裕兴旺"，未来的乡村一定会成为一片美好幸福的宝地。

一、农业绿色生产

（一）农业绿色生产的概念

农业绿色生产是指将农业生产和环境保护协调起来，在保护环境、保证农产品绿色无污染的同时促进农业发展和增加农户收入。通过应用农业投入品追溯管理平台，规范农业生产经营企业活动，实现农药、兽药、化肥、饲料等农业投入品流向可跟踪、风险可预警、责任可追究，防止不合格的农业投入品进入流通领域，减少农业投入品的滥用，推动农业绿色发展。

（二）农业绿色生产意义重大

推进农业绿色发展，不仅是一场关乎农业结构和生产方式调整的经济变革，也是一次行为模式、消费模式的绿色革命。党的十八大以来，以习近平同志为核心的党中央作出一系列重大决策部署，农业发展全面绿色转型取得积极进展。同时也要看到，我国农业绿色发展不平衡不充分的问题依然突出，农业资源短缺、农业面源污染、农业生态系统退化、绿色优质

农产品和生态产品供给不足等问题有待解决。

全面推进农业绿色发展是实现农业现代化的题中应有之义。党中央高度重视农业绿色生产发展，推进农业绿色转型的制度框架基本建立，农业绿色产品供给能力稳步提升，农业资源保育能力和农业产地环境保护能力均稳步加强。党的二十大报告以专章的形式对"推动绿色发展，促进人与自然和谐共生"作出了重要部署，要求牢固树立和践行绿水青山就是金山银山的理念，站在人与自然和谐共生的高度谋划发展，内容上包括加快发展方式绿色转型，深入推进环境污染防治，提升生态系统多样性、稳定性、持续性，积极稳妥推进碳达峰碳中和等。围绕农业强国建设，当前和今后一段时间推进农业绿色发展要重点抓好四方面工作，这也可以说是农业绿色发展的"纲"。

农业发展方式绿色转型不仅是推动经济社会发展全面绿色转型的重要内容，也是破解新阶段社会主要矛盾的重要抓手。要在保障粮食安全和重要农产品有效供给的前提下，围绕资源集约节约、化学投入品减量、废弃物资源化利用、农业绿色低碳化等重点领域和关键环节，提升农业生产的"三品一标"水平，打造绿色低碳农业产业链。构建以绿色生态为导向的政策体系，通过标准引领、强化科技和装备支撑，攻克一批关键核心技术，推动绿色品种、绿色技术、绿色装备普遍应用，发展生态低碳农业，充分发挥种养大户、家庭农场、农民合作社等新型农业经营主体的示范引领作用，带动小农户步入农业绿色发展轨道，推动形成绿色低碳的生产方式和生活方式。

治理农业环境污染是农业绿色发展的基本要求。2015年以来，以"一控两减三基本"为抓手，农业环境污染治理取得明显成效，但治理农业面源污染、改善农村生态环境还处在治存量、遏增量的关口，正是吃劲的时候，松一篙，退千寻。新阶段，推进农业面源污染治理要保持战略定力，用系统性思维谋篇布局，着眼农业生产全过程，突出减量、循环、增效，实现化害为利、变废为宝，要同步打好农业环境污染治理的攻坚战和持久战。一方面，要立足当下，以推进化肥农药减量增效、畜禽粪污资源化利用、农作物秸秆综合利用、农膜减量和回收利用为重点，加强土壤污染、地下水超采、水土流失等治理和修复，着力解决当前面临的农业环境突出问题，打好农业污染治理攻坚战。另一方面，要着眼长远，完善农业污染监测体系，制定实施长期规划，细化操作性举措，发扬钉钉子精神，持续发力、久久为功，破解农业资源环境的体制机制藩篱，打好农业绿色变革持久战。

不断提高农业生态系统多样性、稳定性、持续性。农村是生态文明建设的主战场，绝大多数的生物多样性在农业系统。维护农业生态系统的健康稳定，要加快构建人与自然和谐共生的田园生态系统，坚持整体观和系统观，充分尊重和运用田间生态系统种间互利共生、相生相克等自然法则，遵循生态系统整体性、生物多样性规律，采取资源节约、环境友好、生态保育的生产方式，最大限度减少人为活动对农田生态系统的负面影响。重点营造农田生态廊道，恢复田间生物群落和生态链，健全草原森林河流湖泊湿地休养生息制度，完善草原生态保护奖补政策，稳步恢复草原生态环境。巩固退耕还林还草、退田还湖还湿成果，实施好长江十年禁渔，推进长江、黄河流域等重点区域生态环境保护，健全耕地轮作休耕制度。维护生物安全，加大外来入侵物种防控力度，规范"放生"行为，避免造成生物灾害甚至生态系统灾难。

协同推进农业降碳、减污、扩绿、增长。首先，要统筹农业绿色发展与"双碳"目标。绿色发展与减排固碳具有高度协同性，研究表明，无论是减少化肥农药使用，还是提高秸秆粪便综合利用水平，都会减少温室气体排放。推进农业减排固碳，要以降低温室气体排放强度、提升生态系统固碳能力为重点，聚焦水稻种植、动物肠道发酵、动物粪便管理、农用地管理、农业废弃物管理、土壤碳汇等重要环节，摸清农业减排固碳的技术需求，构建农业减排固碳监测核算技术体系，统筹将农业减排固碳目标纳入农业绿色发展政策体系。其次，要着力推进农业生态价值实现。说一千道一万，农民收入是关键，要充分发挥有效市场和有为政府的作用，让农业绿色发展产生的生态红利转化为农业产值、农民收入。一方面，要不断完善市场体系。通过严格农产品市场监管，让优质农产品卖出好价格；通过建立统一的环境权益大市场，让农业产生的减排固碳效应转化为可交易的碳资产；通过发展乡村旅游，不断拓展农业经营的边界。另一方面，在政府层面通过纵向的转移支付和横向的生态补偿机制，处理好中央与地方、区域之间在农业生产和环境责任方面的责任，借鉴"共同但有区别的责任"原则，发达地区、粮食主销区要从资金、技术等方面帮助欠发达地区、粮食农产品主产区改善农业农村环境。

（三）农业绿色生产模式

（1）省级层面建立省级农业投入品追溯监管平台，具备企业电子档案、产品追溯管理、监督检验管理、产品召回等主要功能。赋予监管机构、检测机构、执法机构和生产经营主体使用权限，采集主体管理、产品流向、监管监测和公众评价投诉等相关信息。

（2）县级层面指导农业生产经营主体接入省级追溯监管平台，开展农业投入品监管溯源与数据采集工作，加强追溯监管平台使用指导和培训服务等。

二、乡村绿色生活

（一）乡村绿色生活的概念

乡村绿色生活主要包括农村人居环境综合监测、农村饮用水水源水质监测等，通过云计算、物联网、人工智能、无人机、高清视频监控等信息技术手段，对乡村居民生活空间、生活用水等进行监测，为农村人居环境综合整治提供依据。

（二）乡村绿色生活新模式

1. 农村人居环境综合监测

利用高清视频监控、物联网、人工智能、图像识别等信息技术手段，对农村地区垃圾收运、污水治理、村容村貌维护等进行监测分析，为农村人居环境整治提供监管依据。

农村生活垃圾收运数字化监管。农村生活垃圾收运数字化监管是指利用物联网、人工智能等信息技术手段，对农村生活垃圾收集、运输、回收、处理等全过程进行监测分析，实时监测垃圾清运数量，提高处理收运效率。

农村生活污水治理监测。农村生活污水治理监测是指利用物联网、卫星遥感数据、无人机、高清视频监控等技术，对农村生活污水处理设施运行情况进行实时监控和智能预警，开展过程管控、水质监控和设施运营状态评估。

村容村貌监测。村容村貌监测是指利用物联网、人工智能、无人机等信息技术手段，对农村地区房屋、道路、河道、特色景观等公共生活空间进行监测，为消除乱搭乱建、乱堆乱放、乱贴乱画等影响村庄环境现象，保持乡村面貌整洁提供管理依据。

【典型案例】

江西省武宁县：AI 智能调度助力农村人居环境改善

一、背景介绍

近年来，随着农村人居环境管护重建轻管、责任不清、力量不足等矛盾日益突出，中共中央办公厅、国务院办公厅印发了《农村人居环境整治三年行动方案》，要求大力推动农村人居环境整治工作。武宁县认真落实农村人居环境整治三年行动部署和要求，坚持将改善农村人居环境作为实施乡村振兴战略的一场硬仗来打，着力补短板强弱项，全县农村环境面貌持续改善。

二、具体做法

武宁县以实现农村管理精细化、群众上报便捷化、问题处理及时化和长效管护科学化为目标，按照"镇村联动、产村一体、景村融合、建管并重、普惠共享"的思路，积极探索运用信息化、数字化的手段，深入推进农村人居环境整治。一是建平台抓管护，探索运用数字化、信息化手段加强管护力度。武宁县投入 2000 余万元，联合运营商运用物联网、云计算、大数据、5G、AI 等新技术打造武宁县人居环境治理长效管护平台。按照"一平台一中心一张图一个端"运行模式，设置垃圾处理、污水处理、厕所革命、村容村貌、长效管护等板块。以"一图全面感知"的方式，实现全县农村人居环境整治工作统一指挥调度、物联预警分析研判、长效管护综合管理。平台基于物联网终端设备提供垃圾桶满溢监测、污水水质监测、厕所气味监测、人员车辆定位、村容村貌监控、大喇叭一键喊话广播等功能。通过大数据采集、存储、处理和管理的标准化与规范化，对信息资源进行分类汇聚，减少资料收集、数据采集等方面的重复投入和劳动。二是充分发挥群众监督作用。武宁县人居环境治理"万村码上通"长效管护平台与省农业农村厅"万村码上通"平台实现数据互联互通，形成了"上报、整改、监督、反馈、考核"完整的群众监督机制。村民可一键上报身边发现的农村人居环境相关问题，省、市、县、乡、村分级响应，协同共治。

三、取得成效

武宁县人居环境治理"万村码上通"长效管护平台，畅通了农民群众监督投诉渠道，切实做到村庄环境"一网统管"。已接入939个一类村庄，累计上报事件6343件，完结6025件，完结率达94.56%，有力提升武宁县农村人居环境整治效果，深入推动全县人居环境从"一时美"向"持久美"转变，是助力数字乡村建设、促进乡村振兴的重要信息化手段。

2. 农村饮用水水源水质监测

在农村河流、水库、地下水、蓄水池（塘）等饮用水水源采样点设置数据采集点，对温度、色度、浊度、pH值、电导率、溶解氧、化学需氧量和生物需氧量进行综合性在线自动监测。

【典型案例】

益阳市打好水源地治理"组合拳" 切实保障饮用水源安全

一、基本情况

益阳市委、市政府高度重视饮用水水源保护工作，坚决贯彻落实国家、省市关于集中式饮用水水源地保护的相关政策，把农村千人以上饮用水水源地环境整治列入2022年全市重点民生实事项目，作为打好污染防治攻坚战重中之重的一项任务。2020—2021年，在省生态环境厅的精准指导下，益阳市高标准完成了254个农村千人饮用水水源地保护区划定，77个千吨万人水源地问题整治，17个乡镇级千人以上饮用水水源地排查整治等工作。为进一步保障全市饮水安全，益阳市组织对全市农村千人以上饮用水水源地开展排查整治，进一步消除饮用水水源地安全隐患，有力保障人民群众"水缸子"安全。

二、主要做法

（1）高位推动，紧盯责任落实。一是强化部署推进。市委、市政府主要领导亲自部署和推进，召开动员会，并多频调度和现场督导。全市农村千人以上饮用水水源地环境整治实行"一表统揽、挂图作战"，将工作责任明确到各区县（市）及乡镇，一个单位一张表，坚持一项一项抓落实，一步一步抓推进，一件一件抓成效。二是加强指导帮扶。加强帮扶指导力度，市直相关部门全面加强对基层和一线的指导服务，及时给予政策、措施、方法等方面的指导和支持，市级层面难解决的，实时请求省直厅局予以支持、指导。省生环委办领导和省环科院专家多次来益调研和指导有关工作。三是强化督查考核。将农村千人以上饮用水水源地环境整治纳入对区县（市）绩效考核和重点民生实事重要内容，实行一月一调度，一月一通报，一季一考核。严格执行"清单制＋责任制＋销号制"，盯紧看牢，对进展较慢、没有达到序时进度的项目，及时下发督办令，对责任落实不到位、工作推进不力的单位提请市政府约谈，以硬目标倒逼硬措施，以严考核倒逼严落实。

（2）精准施策，提升饮水安全。一是科学制定方案。以《益阳市2022年农村千人以上饮用水水源地生态环境问题专项整治工作方案》为抓手，根据排查出的问题，按照"一个水源地、一套整治方案、一抓到底"的原则，全面排查，不留死角，强力推进饮用水水源地环境整治。二是层层压实责任。将农村千人以上饮用水水源地环境整治作为污染防治攻坚的重点任务来抓，列出问题清单、责任清单和措施清单，明确整改要求、整改时限、责任领导、责任单位。实行一个水源地一个责任人，全面压实市县两级领导责任、乡镇（街道）属地责任和职能部门监管责任。三是抢抓整治进度。市生环委办紧盯目标任务，督促各区县（市）提前谋划早部署，针对任务科学制定争先时间，助推工作走在前，我市农村千人以上饮用水水源地环境问题整治工作于8月底已全部完成整治并销号，较省定时间提前一个月。

（3）强化保障，狠抓工作落实。一是强化资金保障。积极申报国家专项治理资金，2022年，6个项目顺利进入中央水污染防治专项资金项目储备库。并在上级资金不宽裕和市县财政捉襟见肘的情况下，不等不靠不要，采取政府垫资、立项争资等多种方式筹措治理资金，保障治理工作顺利推进。二是强化技术保障。为了不延误治理时机、保障治理效果，通过招投标，委托第三方专业技术服务公司对水源地开展精准施工，并及时跟进指导，切实保障整治质量和效果。三是强化整治效果。严格按照省生环委办下发的销号要求，严把销号关，严防虚假整改、表面整改、敷衍整改。并将饮用水源地纳入日常督查、日常巡查，"洞庭清波"专项行动，完善后期管理长效机制，对农村千人饮用水源地水质实行"一季一监测"，确保长治久效、水质达标。

三、整改成效

益阳市借助污染防治攻坚战"夏季攻势"契机，加力加速、集中攻坚，统筹打好农村千人以上饮用水水源地治理工作"组合拳"。通过整合力量、集聚资源、集中攻坚，做到措施精准、工作精细、质量精致，实现水源地治理经济效益、社会效益和生态效益"三效齐升"，让绿水青山真正变成金山银山，为全省千人以上水源地治理提供可复制可推广的益阳经验。

（1）生态效益显著。近年来，通过开展农村千人以上饮用水水源地环境整治，整治环境问题230余个，搬迁、关闭小型畜禽养殖场43家，全市所有水库退出精养模式等等，有力改善了饮用水水源保护区生态，提高了农村千人以上饮用水水源地环境管理水平，进一步改善了水源地水质，为实现乡村振兴提供坚强生态环境保障。

（2）经济效益提升。饮用水水源地环境整治和规范化建设工程的经济效益具有间接、隐蔽和分散的特点。一是有利于促进美丽乡村建设。治理工程的实施将促使当地饮用水环境得以改善，同时，环境资源的优化利用将提升当地投资价值，进一步增加投资机会。二是减少饮水安全隐患。降低因饮用水污染而造成饮水安全隐患，提升居民生活品质。

（3）社会效益凸显。水源地整治工程的实施具有良好的社会效益，以农村千人以上饮用水水源地环境整治为契机，进一步加强水生态、水安全宣传教育，培育加强公众生态环境保护意识，引导更多村民参与生态环境保护，构建全民参与的环保格局，提升村民环保意识。

三、农村生态保护信息化

（一）农村生态保护信息化的概念

农村生态保护信息化主要包括山水林田湖草沙系统监测、农业生态环境监测及农村生态系统脆弱区和敏感区监测等内容。通过物联网、人工智能、卫星遥感、高清视频监控等信息技术手段，对农业农村生态环境的现状、变化、趋势进行综合监测分析，助力推进农村生态系统科学保护修复和污染防治，持续提高农村生态环境质量。

（二）农村生态文明建设的历程

我国农村生态文明建设的探索与实践主要起始于改革开放以后。农村环境保护政策的发展历程反映了农村生态文明建设在特定时期的关注点。按照农村环境保护政策在不同时期的侧重方向和发展特点，可将改革开放以来我国农村生态文明建设的历程大致分为初步探索、持续发展、深度调整和全面推进四个阶段。

初步探索阶段。1979 年党的十一届四中全会通过的《中共中央关于加快农业发展若干问题的决定》首次明确提出"要认真研究防治化肥、农药对作物、水面、环境造成污染的有效办法，并且积极推广生物防治"。反映党和国家在历史转折的关键时期对农业发展和环境保护工作的广泛重视。同年《中华人民共和国环境保护法（试行）》出台，农村环境也被列入法律保护的范围。随后，一些农村地区在政策指导下，相继建立起农村环境管理机构。随着党和国家对环境保护的重视，在随后出台的《关于环境保护工作的决定》（国发〔1984〕64 号）等一系列文件，在规定了防治污染和自然环境破坏的同时，也对保护农村环境，防止农村环境污染有所关注。这一系列政策的出台对农村生态文明建设起到了积极的促进作用，但直接关于农村环境保护的政策仍然相对较少且内容较为零散。

持续发展阶段。1992—2004 年是我国农村生态文明建设的持续发展阶段。这一时期，我国社会主义市场经济体制确立，农村经济得到进一步发展。但经济的高速发展也使得农村的生态环境遭到了严重破坏。为进一步促进经济与环境的协调发展，1992 年出台的《中国环境与发展十大对策》明确提出要大力推广生态农业。1994 年颁布的《中国 21 世纪议程》也指出要积极推动农业和农村的可持续发展，这是中国走向 21 世纪和实现可持续发展的关键。随着对农村生态环境保护的逐步重视，国家环保总局于 1999 年专门发布《关于加强农村生态环境保护工作的若干意见》的通知，对提高农村生态环境质量提出了具体要求。2001 年出台的《国家环境保护"十五"计划》对"十五"期间环境保护工作作出新的战略部署，明确提出提高农村环境质量是环境保护的重要任务。这一阶段，我国坚持可持续发展理念，注重经济发展与环境保护并行，农村环保政策内容更加全面和细致，政策可操作性显著提升，农村生态文明建设迈出实质性的一步。

深度调整阶段。2005—2011年是我国农村生态文明建设的深度调整阶段。伴随着农村经济的快速发展和深入改革，农村生态文明建设进入深度调整阶段，主要表现为对农村环保资金以及政策内容等方面的调整和改革。2005年，《中共中央 国务院关于推进社会主义新农村建设的若干意见》出台，就改善农村环境，推动社会主义新农村建设提出一系列举措。2006年，国家环保总局发布了《国家农村小康环保行动计划》，为有效控制农村环境污染，进一步推进农村环境保护工作提供了行动指南。2008年，国务院首次召开农村环境保护工作会议，重点强调要统筹考虑城乡环境保护工作，加大资金投入，建立健全农村环保的政策体系和长效机制。这一阶段，政府主要从城乡协调发展的角度对农村生态文明建设进行整体布局和深度调整。较之前相比，这一时期党和政府不仅强化了相关政策的出台，更加强了组织领导和对农村环保资金的管理。

全面推进阶段。2012年，党的十八大将"生态文明建设"融入"五位一体"总体布局，我国有关农村生态文明建设的相关政策也密集出台。2013年中央一号文件《中共中央 国务院关于加快发展现代农业 进一步增强农村发展活力的若干意见》进一步提出了努力建设美丽乡村，加快推进农村生态文明建设的新目标。2017年，党的十九大报告提出实施乡村振兴战略，其中一项重要内容就是建设生态宜居的社会主义新农村。2018年，《乡村振兴战略规划（2018—2022年）》等文件的出台，将农村生态文明建设提升到国家战略高度。2020年，习近平总书记在中央农村工作会议上指出："要加强农村生态文明建设，保持战略定力，以钉钉子精神推进农业面源污染防治，加强土壤污染、地下水超采、水土流失等治理和修复。"这为我国农村生态环境保护与治理工作指明了重点和方向，是我国农村生态文明建设的基本遵循。这一阶段，在党和国家一系列政策的推动下，我国农村生态文明建设取得明显成效。在新的历史时期，农村生态文明建设的主要目标在于建设美丽乡村，从乡村振兴的角度对农村环境治理进行总体部署，农村生态文明建设有了更高的目标追求。

（三）农村生态保护信息化新模式

1. 山水林田湖草沙系统监测

基于统计调查技术、遥感技术和地理信息系统，对山川、湖泊、森林、草地、湿地、沙地等进行综合监测，汇集系统治理数据，为农村生态资源整体保护、系统修复和综合治理提供决策参考和数据支撑。

省级层面建设本省山水林田湖草沙系统综合监测平台，开展统一监测，对系统治理数据进行统筹，形成山水林田湖草沙系统数据资源管理"一张图"，通过分析预测为地方系统治理提供参考依据。统筹推进区域范围内山川、湖泊、森林、草地、沙地等生态系统观测站信息化建设。县级层面负责维护观测站点，进行重要参数采集比对、异常情况实时监控上报，并根据监测分析结果开展治理。

2. 农业生态环境监测

利用物联网、卫星遥感、人工智能等信息技术手段，对农田土壤、生产用水、排放气体中的主要污染参数进行监测，实现对农田环境、养殖环境、农业废弃物处理利用等领域的智能化管理。

省级层面制定土壤环境、畜禽粪污、秸秆处理等方面的监测标准和监测方案，按照构建全国农业生态环境监测"一张网"的要求，对各地农业生态环境污染开展监测分析，根据监测分析结果，为市、县级部门提供指导意见。定期组织监测技术培训，开展技术规范宣贯和技术指导。

县级层面负责监测点位的建设管理，开展农业生态环境重要指数的采集、监测、分析和预测。

【典型案例】

黑龙江省海伦市：坚持肥料化能源化并重 促进秸秆综合利用

一、基本情况

海伦市位于黑龙江省中部、松嫩平原黑土带核心区，耕地面积 465 万亩，种植玉米、水稻和大豆等粮食作物，年可收集秸秆量约 130 万吨。近年来，海伦市全面贯彻落实黑龙江省关于秸秆全地域、全时段、全面禁烧的要求，通过主推还田肥料化、发展燃料化和饲料化的"一主两辅"秸秆利用模式，大幅度提高了农作物秸秆综合利用水平，秸秆综合利用率达到 95% 以上。

二、主要做法

（1）多层级夯实责任，加强组织领导。海伦市将秸秆综合利用作为打好蓝天保卫战和实施黑土耕地保护的务实举措，全面加大工作力度。围绕秸秆离还田工作目标，制定实施方案，层层签订目标责任状，构建"定区域、定人员、定职责、定任务、定奖惩"的"五定"网格化管理模式，夯实责任抓落实。

（2）多渠道整合资金，加大支持力度。整合黑土地保护和园区建2等项目，统筹各渠道涉农资金1.2亿元，集中向秸秆全量还田方向投入，提高农户秸秆全量还田的积极性。同时，市政府通过追加补贴等形式投入资金近1亿元，增加秸秆离还田农机具的保有量，支持秸秆燃料化企业建设，为推进秸秆综合利用提供有力支撑。

（3）多角度宣传引导，促进由禁转疏。充分利用报纸、电视、电台等新闻媒体及流动广播、张贴标语、村村通大喇叭等多种形式，积极向企业和农户宣传秸秆利用相关政策措施。同时，通过召开现场推进会、组织人员专业技术培训等形式，广泛宣传秸秆综合利用典型和益处，引导农民的思想认识由"不能烧"向"不想烧"转变。

三、工作成效

（1）提升秸秆还田能力，支撑黑土地保护。目前全市200马力以上拖拉机达到2120台，液压翻转犁、打包机和秸秆粉碎还田机等离田机具达5000台（套），年秸秆全量还田面积达到70万亩以上，有效提升了土壤有机质。

（2）提升秸秆离田利用能力，助力蓝天保卫战。先后建成秸秆固化站57处，推广使用户用生物质锅炉1.8万台，改造燃煤锅炉109台，年利用秸秆达60万吨，有效杜绝了秸秆露天焚烧现象。

（3）提升秸秆收储运能力，促进农户增收。秸秆收储运体系进一步完善，建立打包合作社185个，建设3万平方米以上的秸秆收储场14处，发展秸秆经纪人40余人。通过市场化运作，带动脱贫户5800户，户均增收670余元。

3. 农村生态系统脆弱区和敏感区监测

利用卫星遥感、5G、无人机、高清视频监控技术等手段，基于多源融合数据，根据脆弱区和敏感区的评价指标，对农村地区生态系统脆弱区和敏感区进行识别、监测和预警。

省级层面依托国家生态环境监测平台，建立农村地区生态脆弱区和敏感区观测体系。利用天基、地基、空基等观测手段，开展农村地区生态系统脆弱区和敏感区识别和监测，叠加对生态系统具有重要影响的数据图层，提升识别和观测精度。县级层面负责本地生态脆弱区和敏感区的监测预警、问题情况上报，以及地质灾害风险应急管控等工作。

【典型案例】

吉林省梨树县：以信息化助力黑土地保护

一、背景介绍

梨树县位于松辽平原东辽河西岸，地处全球"黄金玉米带"，耕地总面积393.8万亩，粮食年产量多年保持40亿斤以上。为遏制黑土地土壤退化、土地透支问题，十余年来，梨树县持续加强黑土地保护技术研发，搭建农业信息化数据平台，首创了以秸秆覆盖还田免耕播种技术为核心的玉米保护性耕作"梨树模式"，为黑土地保护插上数字化翅膀。

二、主要做法

（1）加强院地合作，构建黑土地保护推广新模式。与14家高校和科研机构开展院地合作，建立全国第一家黑土地保护与利用院士工作站和国家现代农业研究院。每年30多名国内外知名专家、50多名博硕研究生在梨树从事黑土地保护科研和技术推广工作。建立起了"院士工作站＋科技联盟＋科技小院＋农技推广站＋示范户"的推广新模式，实现了黑土地保护、农业生产技术、新机具的全程示范推广。

（2）推进科技创新，指导农业生产施肥精准化。建设梨树黑土地保护大数据中心，通过全县41个固定监测站的物联网设备，实时监测田间作物生长情况，分析田间基本信息以及气象、虫害信息，宏观掌握区域作物的生长环境。利用遥感技术采集土壤样点数据，对全县土壤进行肥力区域划分，建立粮食作物施肥模型，实施个性化配肥方案。

（3）推广"互联网＋农机"，促进粮食生产全程机械化。在全省率先启动"互联网＋农机"项目，建立农机作业远程电子监测技术平台，投入使用远程终端监测设备1064台（套），实现农机深松作业远程电子监测，即时查看农机深松作业面积。同时还在秸秆捡拾打捆、高效植保作业、玉米籽粒直脱等项目中广泛应用。

（4）统筹部门监管，助推乡村综合治理数字化。整合环保、农业、自然资源、林业、水利等部门监管需求，搭建覆盖21个乡镇的监管重点区域的数字梨树监管平台，对秸秆禁烧、森林防火、水利宏观监控、病虫害防治、粪污处理、违建监控等进行实时监看管理，全面数据整合、数据分析，为数字乡村治理装上"智慧大脑"。

三、取得成效

已完成41个黑土地保护监测点建设，实现农业生产定位、观测、气象、土壤、农情等各类信息的数字化集成。投入使用"互联网＋农机"远程终端监测设备1064台（套），实现农机深松作业远程电子监测。部署175个数字梨树监管视频采集云台、1个定向巡航云台，开发1个视频共享总平台和6个分控子平台，视频采集分析范围达到4209平方公里，实现县域数字监管全覆盖。

【典型案例】

辽宁省大连市庄河市：做好"三"字文章 着力构建农业绿色发展新格局

一、基本情况

庄河是大连市辖县级市，陆域面积4114平方公里，耕地面积207万亩。近年来，庄河市牢固树立绿水青山就是金山银山的发展理念，以"一控两减三基本""三化""三赋能"为主线，着力构建农业绿色发展"三新"格局。

二、主要做法

（1）坚持"一控两减三基本"，建立绿色生产新模式。落实"补短板、强监管"要求，深入实施农业节水行动和水环境治理行动。连续三年实施化肥减量增效示范县项目，高标准开展耕地质量保护与提升行动、有机肥替代化肥试点以及赤眼蜂防治玉米螟等农药减量行动。采取"财政补贴＋联合执法＋督导检查"形式，引导督促养殖场（户）建设畜禽粪污处理设施，推进形成农膜等闭环管理模式。以项目为带动，强力推进畜禽粪污、秸秆产业化高水平利用。

（2）坚持"标准化、集约化、品牌化"，凝聚绿色发展新动能。从以量取胜转向以质取胜，健全农产品监管体系，加大"三品一标"认证力度，推进农业标准化生产。坚持"链条式"发展，拓展农业上下游产业，提升农业产业化水平。坚持"走出去、请进来"，实施"保品牌、创品牌"行动，全面提升庄河优质农产品品牌价值。

（3）坚持"科技、装备、数字"赋能，培植绿色发展新优势。与科研院所建立长期合作机制，奖补种苗繁育空白等短板弱项，提升农业科技含量。加强与金融机构合作，创新开发"扶贫贷"等金融产品，支持扶贫产业、村集体产业发展。健全电商服务体系，大力发展农村电商，打通村级服务最后一公里。

三、工作成效

（1）农业面源污染得到有效控制。灌溉水利用系数提升14.3%、化肥(折纯)减量1413吨、农药减量593吨。畜禽粪污、秸秆、农膜综合利用率分别达到91.3%、95%、93%。

（2）农业竞争力持续增强。全市农业标准化生产基地达60个，畜禽标准化养殖率达76%，拥有绿色、有机、地理标志农产品37个。

（3）农业生产力水平明显提升。辽宁省农科院大连分院入驻庄河，创建草莓、蓝莓种苗繁育中心，全市新品种覆盖率达到100%。电商服务实现村级全覆盖。

（四）农村生态文明建设的成就

绿色发展方式逐步建立。产业振兴是农村生态文明建设的重要物质基础，在农村生态文明建设的探索和发展过程中，各地农村依托自身优势资源和区位特色，走出了一条各有所长的生态产业振兴之路。一是目前已经形成了一批农村生态产业发展的成功典型范例，如河北塞罕坝的成功经验，不仅仅是对环境面貌的改变，它还创造了巨大的生态及经济价值，为全球生态安全作出新贡献。浙江安吉将环境保护与经济发展相结合的成功经验，为农村生态文明建设提供了可供参考的样板。二是积极利用现代先进科技创新成果，深入推进农业产业生态化，我国粗放的农业生产方式逐步改善，通过在农业中植入创意元素，将农业资源、生态资源转化为经济资源，实现了休闲农业和乡村旅游的快速发展。

农村人居环境显著改善。改善农村人居环境是农村生态文明建设的一场硬仗。党的十九大报告将生态宜居作为乡村振兴战略的重要内容，明确要求开展农村人居环境整治行动。2018年底至2019年初，《农村人居环境整治三年行动方案》《农村人居环境整治村庄清洁行动方案》《关于推进农村"厕所革命"专项行动的指导意见》等相继出台，这些政策的有效落实使得农村垃圾、污水、面源污染等问题得到一定程度的解决，在一定程度上改变了村容村貌，农村人居环境得到了极大改善。据农业农村部发布相关数据显示，到 2019 年上半年，全国 80% 以上行政村的农村生活垃圾得到有效处理，近 30% 的农户生活污水得到处理，农村改厕率超过一半，污水乱排乱放现象明显减少，厕所卫生环境得到明显提升。

农村生态文明制度规范建设不断完善。党的十八大以来，党中央高度重视生态文明相关法律法规和制度建设。党的十八届三中全会通过的《中共中央关于全面深化改革若干重大问题的决定》提出要"建立系统完整的生态文明制度体系，实行最严格的源头保护制度、损害赔偿制度、责任追究制度"。2014 年 4 月新修订《环境保护法》也对农业环境保护、农村环境综合整治、农业面源污染防治等进行了原则性规定，虽然还比较宽泛笼统，但也为农村生态文明制度建设提供了必要的国家层面的法律保障。除了全国层面的法律法规外，地方性立法也开始关注农村环境保护。随着地方性农村生态环境保护条例的出台，地方层面的农村生态文明制度建设也逐步完善。

农村生态文化建设初见成效。生态文化是生态文明的基础工程。党的十八大以来，习近平总书记关于"绿水青山就是金山银山""保护生态环境就是保护生产力"等生态文明建设的思想和观点已广泛传播，已形成农村生态文明建设的重要文化资源，并深刻影响了广大基层干部和农民的生态环境观和生活行为习惯。总体上来看，实现农业农村现代化的绿色发展之路已形成共识，生态化生活方式在农村的认同度逐步提高，并表现在其生产和生活行为方式中，如主动参与厕所改造，滥用农药、随意焚烧秸秆等行为越来越少，农村生态文化建设初见成效。

四、智慧绿色乡村主要成就

现代信息技术在智慧绿色乡村建设中的作用进一步发挥，农业绿色生产信息化监管能力全面提升，乡村生态保护监管效能明显提高，数字化技术为农村人居环境治理提供创新解决方案，乡村绿色化数字化正在实现协同发展。

（一）农业绿色生产信息化监管能力全面提升

国家农产品质量安全追溯管理信息平台已实现与 31 个省级平台及农垦平台的对接互通，截至 2022 年 6 月，已有 46.5 万家生产经营主体完成注册，

"阳光农安"在 5 个省份开展试点，农产品质量安全追溯体系日益完善。评价显示，2021 年全国实现质量安全追溯管理的农产品产值占比达 24.7%，较上年提升 2.6 个百分点。农药、兽药和化肥等农资信息化管理全面深入推进。截至 2022 年 8 月，中国农药数字监督管理平台已实现全国农药产品"一瓶一码"100% 可追溯。国家兽药产品追溯系统已有 3136 家监管单位注册使用，1700 多家兽药生产企业和 5.3 万余家经营企业已完成相关数据入网上报。中国农资质量安全追溯平台累计发放农资产品追溯码 12.4 亿个，查询人次超过 8000 万。农业面源污染和灌溉用水监测得到全面加强，截至 2022 年 6 月，全国共监测 3882 个农业面源污染控制断面，在 28 个省份共监测 1653 个灌溉规模在 10 万亩以上农田灌区的灌溉用水断面 / 点位。

（二）乡村生态保护监管效能明显提高

依托生态环境保护信息化工程项目，建成运行农业农村环境保护监管分系统，实现全国县级行政单位、所有行政村监管全覆盖。持续开展环境空气、地表水监测，截至 2022 年 6 月，已在 31 个省（区、市）及新疆生产建设兵团监测 3005 个村庄的环境空气质量、4688 个县域农村地表水水质断面 / 点位。全国流域面积 50~1000 平方千米河流管理范围划定成果数据上图工作基本完成，遥感等现代信息技术在长江十年禁渔、长江流域非法矮围、长江经济带湖泊围垦、黄河干流和重要支流岸线利用等项目常态化监管、整治中得到广泛应用。林草生态网络感知系统建成包括 5 大类目、1215 个数据层（集）的基础数据库，接入林草生态综合监测、云南亚洲象预警监测等 47 个部省成熟业务系统。综合应用卫星遥感、无人机、高清视频等技术加强对农作物秸秆焚烧火点的监控预警，重点支持东北四省区建设秸秆禁烧管控平台，秸秆焚烧信息化监管能力逐步增强。

（三）农村人居环境整治信息化创新应用

信息化助力农村人居环境整治提升行动计划深入实施。启动农村人居环境问题"随手拍"活动，在"全国农村人居环境"微信公众号上设置"随手拍"专栏，群众可进入专栏上传图文反映困难问题和意见建议。在 30 个省份监测超过 1 万个农村"千吨万人"饮用水水源地水质和 6.4 万个日处理能力 20 吨及以上的农村生活污水处理设施（含人工湿地）出水水质，农村安全用水得到有效保障。浙江嘉兴南湖区创新建设农村生活垃圾分类大数据智能化"垃非"系统，运用大数据分析、智能装备互联、智能评审等技术手段，实现了生活垃圾从分类投放到资源化回收全流程数字化监管。江西建成农村人居环境"万村码上通"5G+长效管护平台，以信息化手段助力推进农村厕所革命、生活污水垃圾治理、村容村貌提升，实行数字化全流程管护，农村人居环境质量得到全面提升。

第三章

未来展望

在数字化浪潮下，数字乡村发展已经成为农村振兴的重要抓手。通过加强农村基础设施建设，推广新技术、新模式，以及加强政策支持和产业链培育，可以促进数字农业的可持续发展，推进农村现代化，实现乡村振兴和全面建设社会主义现代化国家的目标。

一、投资主体更多样

2019年12月25日，农业农村部、中央网信办制定的《数字农业农村发展规划（2019—2025年）》要求各地要加大数字农业农村发展投入力度，探索政府购买服务、政府与社会资本合作、贷款贴息等方式，吸引社会力量广泛参与，引导工商资本、金融资本投入数字农业农村建设。

1. 政府充分发挥引导作用

目前，地方政府公共财政在不同程度上都面临一定压力，吸引社会资本参与数字乡村建设，可有效减轻政府公共财政的压力。坚持"放管服"的改革方向，建立健全监管和风险防范机制，营造公平竞争的市场环境、政策环境、法治环境，降低制度性交易成本，稳定良好的市场预期，打造一批社会资本投资农业农村的合作平台，为社会资本投向"三农"提供规划、项目信息、融资、土地、建设运营等一揽子、全方位投资服务，促进要素集聚、产业集中、企业集群，实现控风险、降成本、提效率，激发社会资本投资活力，更好地满足数字乡村建设的多样化融资需求。

2. 社会资本积极参与

我国数字乡村的建设，应根据各地农业农村实际发展情况，因地制宜创新投融资模式，通过独资、合资、合作、联营、租赁等途径，采取特许经营、公建民营、民办公助等方式，吸引多样化的社会投资主体，稳妥有序投入。2021年4月，农业农村部办公厅、国家乡村振兴局综合司制定的《社会资本投资农业农村指引（2021年）》鼓励社会资本与政府、金融机构开展合作，充分发挥社会资本市场化、专业化等优势，加快投融资模式的创新应用，为社会资本投资农业农村开辟更多有效路径，探索更多典型模式。

随着新一代信息技术的不断发展，农业农村发展已经走到了信息化和现代化的历史交汇期，数字经济的新动能作用愈发显现，不仅国内外知名投融资机构青睐于数字乡村建设，包括阿里巴巴、腾讯、华为、拼多多等企业也察觉到了农业农村数字化发展带来的巨大商机，纷纷抢抓数字乡村建设的历史机遇，形成了数字乡村建设发展的市场化竞争新生态。

二、 商业模式更多元

数字经济正在催生"新模式、新业态"。比如，过去的手机只是通信工具，而如今手机的概念已经被重新定义为智能终端。数字经济通过改造当下的产品和服务而产生了"新物种"，进而产生了新的商业价值，数字经济改变了以往的价值创造模式。以数字技术为代表的新一轮科技革命和产业变革突飞猛进，数字经济领域不断产生新的技术并进入工程化、商业化阶段。在农业农村数字化建设中，新技术的成熟和应用催生出新产品、新模式、新业态，对原有产品、模式和业态形成冲击和替代，也会带动一批乡村新型经营主体在新领域高速成长，由此对既有产业形成冲击并使产业竞争格局发生重构。数字经济赋能传统农业，大数据为数字乡村注入了新动能。

三、 治理能力更高效

费孝通先生曾说中国乡村社会是一种"熟人社会"，而现在已经转换为"半熟人社会"。我国传统乡村治理方式采用的是正式村民自治与非正式乡村德治相结合的模式，当前这种模式已日益凸显出其局限性。新时代乡村社会矛盾更加尖锐，乡村治理问题更加复杂，"单一"利益主体变为"多元"利益主体，"单位人"变为"社会人"；再加上乡村社会流动性加大，乡村严重"空心化"，治理主体缺失，导致乡村主体自治缺位，使农村基层自治工作难以有序开展，乡村集体事务管理监督时常流于形式，如何让乡村居民无论身处何方都能与所属的村庄紧密联系，是促进乡村有效治理的现实需求，因此旧模式已经不适应新要求，必须转变传统的治理模式，创建现代化的乡村治理体系。

随着数字乡村建设进程的加快，我国乡村治理能力得到明显提升，打破了城乡间因经济发展水平和治理资源差异而产生的公共服务获得性壁垒，促进了跨区域、跨城乡公共服务的合作与共享。乡村治理效能不断增强。让乡村居民不回村，而意见回村、责任回村、义务回村、组织回村，在线上参与乡村治理。在发展乡村产业、实施乡村建设行动、推动城乡融合发展，以及在民主选举、民主决策、民主管理和民主监督等领域，让乡村居民广泛参与、共建共治。通过"互联网＋党建""互联网＋政务""互联网＋村务"等平台问需于民、问计于民，健全自治、法治、德治相结合的治理体系，有效推进乡村治理。

四、产业发展更融合

在数字经济时代，数据成为新的关键生产要素，如同农业经济时代以劳动力和土地为关键生产要素、工业经济时代以资本和技术为关键生产要素一样。数字经济是最容易产生产业跨界的领域之一，由其引发的跨界产业生态为产业发展提供了重要环境和有利条件。数字经济商业生态出现了云计算、大数据、人工智能、物联网和区块链等融合升级，与经济社会各层面深度融合所形成的各种"跨界融合"，为数字乡村注入新的经济驱动力。

随着新一代信息技术在乡村建设中的应用，传统农业产业不断变革，新的信息技术的发展使产业界限越来越模糊，数据的流动与共享推动着商业流程跨越企业边界，依靠数据去发展经济，重构商业模式，产生新规则，促进产业深度融合，激发新兴业态的不断涌现，逐步创造出全新的产业体系，农村一二三产业融合发展是必然趋势。

五、公共服务更开放

任何政府都面临控制成本和提高公共服务质量的压力，随着社会经济的不断发展，人民消费能力的提高，民众对于公共服务的要求不断提升。2017年2月6日，习近平总书记在主持召开中共中央全面深化改革领导小组第三十二次会议时指出，推进公共信息资源开放，要加强规划布局，进一步强化信息资源深度整合，进一步促进信息惠民，进一步发挥数据大国、大市场优势，促进信息资源规模化创新应用，着力推进重点领域公共信息资源开放，释放经济价值和社会效应。在数字经济影响下，传统的行政管理体制将被打破，政府不再是唯一的公共服务和公共产品的供给者，大数据不断赋能消费、医疗、教育、旅游、文化、体育等行业，政府可以跨部门、跨层级进行数据信息识别、分析、预判，以此为基础精准施策，既能提高公共服务支出的公平性和效率，又能有效促进政府各部门的决策沟通和协同互动，提升公共服务供给的质量和效率。

数字乡村建设为公共服务开放共享提供了必要的支撑，公共服务开放竞争的理念不是开源放权，而是以更为完善的体系和机制为社会提供高质量的服务。政府信息资源开放本身就是一项重要的公共服务，通过实施开放，带动了公共服务市场的活跃，政府无需投入精力应对原始数据的开发与利用，民间机构对数据处理的专业能力大大减轻了政府的负担，未来将加快引入社会资本，鼓励民间机构参与，在公共服务领域逐渐扩大开放是必然趋势。

六、人才引力更强大

数字化乡村建设需要以人才为支撑，2021年2月23日，中共中央办公厅、国务院办公厅印发的《关于加快推进乡村人才振兴的意见》提出全面推进乡村振兴，乡村人才供求矛盾将更加凸显。当前要处理好"吸引外来人才"和"用好本土人才"的关系。江西、山东、浙江、四川等地先后出台了留住人才、引进人才、用好人才的有效措施。

重视乡村人才是最有效的数字乡村发展举措。乡村对人才的需求日益多元化，需要壮大乡村产业人才、特色乡土人才、乡村治理人才、乡村公共服务人才和农业农村科技人才等多种人才队伍，选人用人要不拘一格，以胜任工作为落脚点，不要人为设置年龄、学历、身体健康状况等指标。建设数字乡村，需要聚各方人才而用之，共同创造新时代乡村美好生活。

同时，人才和发展之间是相互作用的，在乡村发展成熟之前，乡村的地域环境和产业模式难以对人才形成吸引力，而人才稀缺反过来拖慢了数字乡村发展。数字经济可以作为人才和发展之间的坚实桥梁。数字经济重构了乡村的消费娱乐环境，弥合了乡村经济在吸引人才方面的地域性劣势，削减了吸引人才的阻碍，而人才的引入促进乡村振兴后，又形成了对人才的反向吸引力。随着数字乡村建设进程的加快，乡村对人才的吸引力会越来越强。

参考文献

[1] 农业农村部信息中心 . 中国数字乡村发展报告 :2022 年 [R]. 北京：农业农村部信息中心 ,2023.

[2] 农业农村部信息中心 . 中国数字乡村发展报告 :2021 年 [R]. 北京：农业农村部信息中心 ,2022.

[3] 北京大学政府管理学院 , 北京大学公共治理研究所 , 四川农业大学资源学院 , 等 . 中国数字乡村建设报告 2021: 基于媒体大数据的评估 [R]. 北京：北京大学 ,2022.

[4] 农业农村部信息中心 . 中国数字乡村发展报告 :2020 年 [R]. 北京：农业农村部信息中心 ,2021.

[5] 农业农村部信息中心 . 中国数字乡村发展报告 :2019 年 [R]. 北京：农业农村部信息中心 ,2020.

[6] 中国信息通信研究院 . 中国数字经济发展研究报告 :2023 年 [R]. 北京：中国信息通信研究院 ,2023.

[7] 深圳市和讯华谷信息技术有限公司 .2023 中国乡村数字化发展研究报告 [R]. 深圳 : 深圳市和讯华谷信息技术有限公司 ,2023.

[8] 国家互联网信息办公室 . 数字中国发展报告：2022 年 [R]. 北京 : 国家互联网信息办公室 ,2023.

[9] 国家互联网信息办公室 . 数字中国发展报告：2021 年 [R]. 北京 : 国家互联网信息办公室 ,2022.

[10] 中央网信办秘书局 , 农业农村部办公厅 , 国家发展和改革委员会办公厅 , 等 . 数字乡村建设指南 1.0[R]. 北京 : 中央网信办， 2022.

[11] 中央网信办 , 农业农村部 . 数字乡村发展行动计划: 2022–2025 年 [R]. 北京 : 中央网信办， 农业农村部 ,2022.

[12] 中央网信办 . 数字乡村标准体系建设指南：2022 年 [R]. 北京 : 中央网信办 ,2022.

[13] 农业农村部信息中心 , 中国国际电子商务中心 .2022 全国县域数字农业农村电子商务发展报告 [R]. 北京 : 农业农村部信息中心 , 中国国际电子商务中心 ,2022.

[14] 赵练达 . 中国数字乡村建设问题研究 [D]. 沈阳 : 辽宁师范大学 ,2020.

[15] 金嘉伟 , 张彬凯 , 罗向平 , 等 . 数字乡村的建设发展研究 [J]. 甘肃农业 ,2023(10):16–19.

[16] 罗兴奇 . 数字乡村治理的实践逻辑及优化策略 [J]. 农业经济 ,2023(10):56–58.

[17] 苏岚岚. 数字治理促进乡村治理效能提升：关键挑战、逻辑框架和政策优化 [J/OL]. 农业经济问题 ,1-18[2023-11-19]https://doi.org/10.13246/j.cnki.iae.20230928.001.

[18] 张玉丽. 数字乡村的风险治理：基于 IRGC 一体化风险治理综合框架 [J]. 决策与信息 ,2023(10):87-96.

[19] 李晨昂. 乡村振兴背景下的农村社区治理模式选择及构建 [J]. 农村实用技术 ,2023(9):58-60.

[20] 郭胜宇. 乡村治理数字化转型与优化路径研究 [D]. 太原：山西大学 ,2023.

[21] 唐菁阳 , 刘静 , 周湘南. 中国式现代化背景下数字乡村治理的理论逻辑与实现路径 [J]. 农村经济与科技 ,2023,34(10):14-17.

[22] 郭明轩. "以人民为中心"：数字乡村治理推进的优化路径 [D]. 长春：吉林大学 ,2023.

[23] 林志鸿. 乡村政务服务数字化转型的现实困境及优化路径 [J]. 智慧农业导刊 ,2023,3(8):80-83.

[24] 王蓉. 新时代我国乡村治理数字化研究 [D]. 沈阳：辽宁大学 ,2023.

[25] 郑建人. 服务"三农"的"互联网 + 政务服务商务"模式分析 [J]. 农机市场 ,2023(2):39-41.

[26] 徐琴. 数字乡村建设的分类实践：理由证成、经验探索与可能困境 [J]. 电子政务 ,2023(5):16-28.

[27] 陈纯淳. 乡村数字治理平台运行研究 [D]. 陕西：西北农林科技大学 ,2022.

[28] 柳世鹏. 玉门市数字乡村建设困境和对策研究 [D]. 兰州：兰州大学 ,2022.

[29] 李建彬 , 张梦茜 , 董向东. 新时期农村应急管理能力建设研究 [J]. 农业科技与信息 ,2022(3):10-12，16.

[30] 门玉英 , 雷黄圆 , 李芳，等. 农村应急管理现状及其信息技术应用对策研究：以湖北省为例 [J]. 湖北农业科学 ,2021,60(23):163-167.

[31] 雷黄圆. 信息技术服务在农村应急管理中的应用研究 [D]. 武汉：华中师范大学 ,2021.

[32] 向丹丹. 乡村振兴背景下乡村数字治理的困境及对策研究 [D]. 大庆：东北石油大学 ,2022.

[33] 阴文杰. 农村村务治理电子化发展研究：以"龙游通"为例 [D]. 杭州：浙江农林大学 ,2019.

图书在版编目（CIP）数据

数字乡村：给美丽乡村加朵"云"/董擎辉等主编
. ﹣﹣ 哈尔滨：黑龙江科学技术出版社，2023.12
ISBN 978-7-5719-1745-6

Ⅰ.①数… Ⅱ.①董… Ⅲ.①数字技术–应用–农村
–社会主义建设–研究–中国 Ⅳ.① F320.3-39

中国国家版本馆 CIP 数据核字（2023）第 246874 号

数字乡村：给美丽乡村加朵"云"

SHUZI XIANGCUN: GEI MEILI XIANGCUN JIA DUO "YUN"

董擎辉 毕洪文 郑妍妍 王红蕾 主编

责任编辑	梁祥崇	
封面设计	单 迪	
出 版	黑龙江科学技术出版社	
地 址	哈尔滨市南岗区公安街 70-2 号	
邮 编	150007	
电 话	（0451）53642106	
传 真	（0451）53642143	
网 址	www.lkcbs.cn	
发 行	全国新华书店	
印 刷	哈尔滨午阳印刷有限公司	
开 本	720 mm × 1 020 mm 1/16	
印 张	12.75	
字 数	250 千字	
版 次	2023 年 12 月第 1 版	
印 次	2023 年 12 月第 1 次印刷	
书 号	ISBN 978-7-5719-1745-6	
定 价	80.00 元	